世界文化
鉴赏系列

世界汽车鉴赏

（珍藏版）

《深度文化》编委会 ◎ 编著

清华大学出版社

北京

内 容 简 介

本书精心收录了 240 余款经典汽车，涵盖了经济舒适的轿车、激情炫酷的跑车、动感优雅的轿跑车、硬朗稳重的 SUV、宽敞实用的 MPV 以及客货两用皮卡等主流车种。每款汽车都会详细介绍上市时间、外观造型、内饰设计和综合性能等方面的知识。这些信息可以让读者对每款汽车有更全面的了解。此外，本书中还配有精致美观的写真图片，这些图片将全面展示每款车型的外观和内饰，使读者能够更好地欣赏该车的设计细节。

本书体例科学且简明，分析讲解深入透彻，图片精美而丰富，适合广大汽车爱好者、汽车行业从业人员、汽车收藏家、摄影爱好者以及潜在购车者阅读和收藏。同时，也可作为各大院校汽车相关专业、汽修培训机构师生的学习和辅助教材。

本书封面贴有清华大学出版社防伪标签，无标签者不得销售。
版权所有，侵权必究。举报：010-62782989，beiqinquan@tup.tsinghua.edu.cn。

图书在版编目（CIP）数据

世界汽车鉴赏：珍藏版 /《深度文化》编委会编著 .—北京：清华大学出版社，2024.5（2025.4 重印）
（世界文化鉴赏系列）
ISBN 978-7-302-66265-5

Ⅰ.①世… Ⅱ.①深… Ⅲ.①汽车—鉴赏—世界 Ⅳ.① U469

中国国家版本馆 CIP 数据核字（2024）第 096491 号

责任编辑：李玉萍
封面设计：王晓武
责任校对：张彦彬
责任印制：杨 艳

出版发行：清华大学出版社
网　　址：https://www.tup.com.cn，https://www.wqxuetang.com
地　　址：北京清华大学学研大厦 A 座　邮　编：100084
社 总 机：010-83470000　邮　购：010-62786544
投稿与读者服务：010-62776969，c-service@tup.tsinghua.edu.cn
质 量 反 馈：010-62772015，zhiliang@tup.tsinghua.edu.cn

印 装 者：小森印刷（北京）有限公司
经　　销：全国新华书店
开　　本：146mm×210mm　印　张：11.625　字　数：446 千字
版　　次：2024 年 6 月第 1 版　印　次：2025 年 4 月第 3 次印刷
定　　价：69.00 元

产品编号：101648-01

前言

对现代人来说，汽车是司空见惯的交通工具，并不会觉得稀奇。但在 300 多年前，汽车曾是很多科学家心中的梦想。早在 1680 年，英国著名科学家牛顿就设想了喷气式汽车的方案，利用喷管喷射蒸汽来推动车辆，但未能制成实物。直到 1769 年，法国陆军工程师尼古拉·约瑟夫·古诺才制造出世界上第一辆蒸汽驱动的三轮汽车。而真正意义上的汽车则出现于 1885 年，德国工程师卡尔·本茨制造出一辆装有汽油机的三轮车。这是真正以汽油为动力源的第一辆汽车，而不是蒸汽机车。

从 1680 年到 1885 年，人类为了实现汽车梦想，足足探索了 200 多年。而汽车产业真正走向成熟，已经是 20 世纪的事情了。汽车的发明，加快了人员、物资、信息的流动，缩短了空间距离，节约了时间，促进了社会的发展，具有里程碑意义。从 20 世纪初至今的 100 多年，人类社会的进步远远超过了此前几千年的发展总和，汽车在其中起到了至关重要的作用。

汽车产业的进步，离不开很多人的付出，包括科学家、工程师、工人等，正是这些人一代又一代的努力，才让汽车从无到有，并让汽车从少数人专享的交通工具变成普通人也能购买的代步工具。时至今日，汽车的发展也没有停止，未来汽车将变得更环保、更智能。

本书共分为7章，第1章详细介绍了汽车的发展历史、主要分类、基本构造，汽缸排列形式，知名汽车展会，汽车相关术语等知识，第2~7章分别介绍了轿车、跑车、轿跑车、运动型多用途车、多功能休旅车和皮卡。每款车型都详细介绍了上市时间、外观造型、内饰设计、综合性能等知识，并配有精美的鉴赏图以及该车型旗舰版的基本参数表格。通过阅读本书，读者可以深入了解世界汽车的发展脉络，并全面认识不同国家、不同品牌、不同类型的汽车，迅速熟悉它们的设计风格。

本书由《深度文化》编委会创作，参与编写的人员有丁念阳、阳晓瑜、陈利华、高丽秋、龚川、何海涛、贺强、胡姝婷、黄启华、黎安芝、黎琪、黎绍文、卢刚、罗于华等。对于广大汽车爱好者以及有意了解汽车知识的青少年来说，本书不失为极有价值的科普读物。希望读者朋友们能够通过阅读本书，循序渐进地提高自己的汽车知识水平。

由于时间和编者经验有限，书中难免有疏漏和不足之处，恳请专家和读者不吝赐教。读者可以使用手机扫码下方的二维码获取本书赠送的写真图片等资源。

目 录

第1章　汽车漫谈　　　　　　　　　　1

汽车的发展历史 ……………2
汽车的主要分类 ……………9
汽车的基本构造 ……………9
汽缸排列形式 ………………10
知名汽车展会 ………………14
汽车相关术语 ………………15

第2章　轿　车　　　　　　　　　　　17

奥迪 A4L ……………………18
奥迪 A6L ……………………20
奥迪 A8L ……………………22
宾利雅致 ……………………23
宾利飞驰 ……………………24
宾利慕尚 ……………………25
保时捷帕拉梅拉 ……………26
宝马 3 系 ……………………28
宝马 5 系 ……………………30
宝马 7 系 ……………………31
本田思域 ……………………32
本田雅阁 ……………………34
本田飞度 ……………………36
别克君威 ……………………38
别克君越 ……………………40
标致 508L ……………………41

BMC Mini ………………… 42
比亚迪汉 ………………… 43
大众甲壳虫 ……………… 44
大众帕萨特 ……………… 46
大众高尔夫 ……………… 48
大众 Polo ………………… 49
大众辉腾 ………………… 50
大众辉昂 ………………… 51
福特 T 型 ………………… 52
福特蒙迪欧 ……………… 53
福特福克斯 ……………… 54
丰田卡罗拉 ……………… 56
丰田凯美瑞 ……………… 58
丰田普锐斯 ……………… 59
菲亚特 126P ……………… 60
捷尼赛思 G80 …………… 61
捷豹 XJ …………………… 62
捷豹 XFL ………………… 64
捷豹 XEL ………………… 65
凯迪拉克 CTS …………… 66

凯迪拉克 SLS 赛威 ……… 67
凯迪拉克 ATS-L ………… 68
凯迪拉克 XTS-L ………… 69
凯迪拉克 CT6 …………… 70
克莱斯勒 300 …………… 72
劳斯莱斯银魅 …………… 73
劳斯莱斯银魂 …………… 74
劳斯莱斯银灵 …………… 75
劳斯莱斯银天使 ………… 76
劳斯莱斯古斯特 ………… 77
劳斯莱斯幻影 …………… 78
雷克萨斯 ES ……………… 80
雷克萨斯 GS ……………… 81
雷克萨斯 LS ……………… 82
林肯大陆 ………………… 84
林肯 MKZ ………………… 86
梅赛德斯 - 奔驰 C 级 … 88
梅赛德斯 - 奔驰 E 级 … 90
梅赛德斯 - 奔驰 S 级 … 92
玛莎拉蒂总裁 …………… 94
玛莎拉蒂吉卜力 ………… 96
马自达 6 ………………… 98
讴歌 RLX ………………… 99
起亚 K9 ………………… 100
日产轩逸 ………………… 101
日产天籁 ………………… 102
特斯拉 Model 3 ………… 104
沃尔沃 S60 ……………… 105

沃尔沃 S90··············106
雪铁龙 DS··············108
雪佛兰迈锐宝··········110
现代伊兰特············112
现代雅科仕············113
英菲尼迪 Q70·········114

第3章 跑车 115

阿斯顿·马丁 One-77···············116
阿斯顿·马丁火神······118
阿斯顿·马丁 DB11···120
阿斯顿·马丁 DBS····122
奥迪 TT················123
奥迪 R8················124
布加迪威龙············126
布加迪凯龙············128
布加迪迪沃············130
保时捷 911············132
保时捷卡雷拉 GT·····134
保时捷 918 斯派德···136
宝马 Z4················137
法拉利恩佐············138
法拉利 575M 马拉内罗·············140
法拉利 F430···········141
法拉利 612 斯卡列蒂·142
法拉利 599 GTB 费奥拉诺···············143
法拉利加利福尼亚····144

法拉利 458 意大利···145
法拉利 FF··············146
法拉利 F12 伯林尼塔·147
法拉利拉法············148
法拉利 488···········150
法拉利 GTC4 罗丝欧················151
法拉利 812 超高速···152
法拉利波托菲诺······153
法拉利蒙扎 SP········154
法拉利 F8 特里布托···156
法拉利 SF90 斯达德尔···············158
法拉利罗马············160
福特野马················162

捷豹 XJ220 …… 164	路特斯 Evija …… 193
捷豹 E-Type …… 166	玛莎拉蒂 MC12 …… 194
柯尼赛格 CC8S …… 168	玛莎拉蒂 MC20 …… 195
柯尼赛格 CCR …… 169	梅赛德斯 - 奔驰
柯尼赛格 CCX …… 170	SL 级 …… 197
柯尼赛格 Agera R …… 171	梅赛德斯 - 奔驰
柯尼赛格 One:1 …… 172	SLR 迈凯伦 …… 198
柯尼赛格统治者 …… 173	梅赛德斯 - 奔驰
柯尼赛格 Jesko …… 175	SLS AMG …… 199
兰博基尼蝙蝠 …… 177	迈凯伦 F1 …… 201
兰博基尼盖拉多 …… 178	迈凯伦 P1 …… 203
兰博基尼雷文顿 …… 179	迈凯伦 570S …… 204
兰博基尼埃文塔多 …… 180	迈凯伦 650S …… 205
兰博基尼第六元素 …… 181	迈凯伦 720S …… 206
兰博基尼毒药 …… 183	帕加尼风之子 …… 207
兰博基尼飓风 …… 185	帕加尼风神 …… 209
兰博基尼百年纪念 …… 186	日产 GT-R …… 211
兰博基尼	特斯拉 Roadster …… 213
Sian FKP 37 …… 187	西尔贝大蜥蜴 …… 214
劳斯莱斯曜影 …… 189	雪佛兰科尔维特 …… 215
雷克萨斯 LFA …… 191	雪佛兰科迈罗 …… 217

第 4 章　轿跑车　　219

奥迪 A5 ………………220
奥迪 A7L ……………222
宾利欧陆 GT …………224
保时捷 928 ……………226
宝马 4 系 ………………227
宝马 6 系 ………………228
宝马 8 系 ………………229
大众尚酷 ………………231
大众 CC …………………232
雷克萨斯 RC …………233
雷克萨斯 LC …………234
劳斯莱斯魅影 …………236
梅赛德斯 - 奔驰 CLS 级 …………238
梅赛德斯 - 奔驰 CLA 级 …………240
马自达 RX-8 …………242

第 5 章　运动型多用途车　　243

阿斯顿·马丁 DBX ……244
阿尔法·罗密欧 斯坦维 …………246
奥迪 Q5L ………………248
奥迪 Q7 …………………249
奥迪 Q8 …………………250

宾利添越	252	吉普大切诺基	272
保时捷卡宴	254	捷豹 F-Pace	274
保时捷玛卡	256	捷豹 I-Pace	275
宝马 X4	257	凯迪拉克凯雷德	276
宝马 X5	258	凯迪拉克 XT6	278
宝马 X6	259	凯迪拉克锐歌	279
宝马 X7	260	劳斯莱斯库里南	280
本田 CR-V	262	兰博基尼野牛	282
别克昂科威	263	路虎揽胜	284
大众途锐	264	路虎卫士	286
福特探险者	265	路虎发现	287
丰田兰德酷路泽	266	雷克萨斯 LX	288
丰田普拉多	268	雷克萨斯 RX	290
GMC 育空	269	林肯领航员	291
吉普牧马人	270	林肯飞行家	292

雷诺科雷傲 ………………293

玛莎拉蒂莱万特 ………294

梅赛德斯 - 奔驰
G 级 ……………………296

梅赛德斯 - 奔驰
GLE 级 …………………298

梅赛德斯 - 奔驰
GLS 级 …………………300

梅赛德斯 - 奔驰
GLC 级 …………………301

讴歌 MDX ………………302

日产途乐 ………………304

日产奇骏 ………………306

斯巴鲁森林人 …………307

特斯拉 Model Y ………308

沃尔沃 XC60 …………310

沃尔沃 XC90 …………311

英菲尼迪 QX60 ………313

英菲尼迪 QX80 ………314

第 6 章　多功能休旅车　　315

别克 GL6 ………………316

别克 GL8 ………………317

本田奥德赛 ……………319

本田艾力绅 ……………320

大众途安 L ……………321

大众威然 ………………322

丰田赛那 ………………323

丰田埃尔法 ……………324

梅赛德斯 - 奔驰 V 级 …326

马自达 MPV ……………328

马自达普力马 …………329

起亚嘉华 ………………330

日产贵士 ………………332

日产君爵 ………………333

现代库斯途 ……………334

第7章 皮卡 335

道奇公羊 ……………336
大众阿玛洛克 …………338
福特游骑兵 ……………339
福特 F-150 猛禽 ………340
丰田海拉克斯 …………342
丰田塔科马 ……………344
丰田坦途 ………………345
GMC 西塞拉 …………346
霍顿 Ute ………………347
吉普角斗士 ……………348
雷诺阿拉斯加 …………350
梅赛德斯 - 奔驰 X 级 …351
马自达 BT-50 …………352
日产纳瓦拉 ……………354
日产泰坦 ………………355
五十铃 D-Max …………356
雪佛兰 SSR ……………357
雪佛兰西尔维拉多 ……358
雪佛兰科罗拉多 ………359
现代圣克鲁兹 …………360

第1章 汽车漫谈

　　汽车通常指四轮以上的热机自动车,使用挥发性的燃油与空气混合,使其着火爆发来产生原动力,主要在公路上行驶,用来载人或搬运货物。本章主要就汽车的发展历史、主要分类、基本构造、相关术语等知识进行讲解。

汽车的发展历史

▶▶ 19 世纪：萌芽而出

1712 年，英国人托马斯·纽科门发明了不依靠人和动物来做功而是靠机械做功的蒸汽机，被称为纽科门蒸汽机。1757 年，木匠出身的技工詹姆斯·瓦特被英国格拉斯戈大学聘为实验室技师，有机会接触纽科门蒸汽机，并对纽科门蒸汽机产生了兴趣。1769 年，瓦特与马修·博尔顿合作，发明了装有冷凝器的蒸汽机。1774 年 11 月，他俩又合作制造了真正意义上的蒸汽机。蒸汽机推动了机械工业乃至社会的发展，并为汽轮机和内燃机的发展奠定了基础。

1769 年，法国陆军工程师尼古拉·约瑟夫·古诺制造了世界上第一辆蒸汽驱动的三轮汽车。由于试车时转向系统失灵，汽车撞到般圣奴兵工厂的墙壁上而"粉身碎骨"，这是世界上第一起机动车事故。1771 年，古诺造出第二部车，但没有真正行驶过，现放置于法国巴黎国家艺术馆展出。尽管古诺的这项发明失败了，但却是古代交通运输（以人、畜或帆为动力）与近代交通运输（动力机械驱动）的分水岭，具有划时代的意义。

1794 年，英国人斯垂特首次提出把燃料和空气混合制成混合气体以供燃烧的构想。1796 年，意大利科学家沃尔兹发明了蓄电池，这项发明为汽车的诞生和发展带来了历史性的转折。1801 年，法国人菲利普·勒本提出煤气机原理。1803 年，英国工程师理查·特里维西克采用新型高压蒸汽机驱动的汽车，可乘坐 8 人，在行驶中平均时速 13 公里，从此，用蒸汽机驱动的汽车开始在现实中应用。1838 年，英国发明家亨纳特发明了世界上第一台内燃机点火装置，该项发明被世人称为"世界汽车发展史上的一场革命"。

1842 年，美国人查理·固特异发明了硫化橡胶轮胎。1859 年，法国物理学家普兰特发明了铅蓄电池，为汽车的用电创造了条件，被称为"意义深远的发明"。1860 年，法国工程师艾蒂安·雷诺制成了第一部用电火花点燃煤气的煤气机。1862 年，法国工程师艾蒂安·雷诺发明以天然气为原料的二冲程卧式内燃机。同年，法国工程师罗沙士发表了四冲程理论。1867

年,德国工程师尼考罗斯·奥托研制出世界上第一台往复活塞式四冲程煤气发动机。1876年,奥托制成了单缸卧式、压缩比为2.5的4马力内燃机。

1885年,这是真正的现代汽车诞生的时刻。这一年德国工程师卡尔·本茨在曼海姆制造出一辆装有汽油机的三轮汽车。这辆装有内燃动力机的汽车被认为是世界上第一辆汽车,因为它是真正以汽油为动力源的第一辆汽车,而不是蒸汽机车。同年,德国工程师戈特利布·戴姆勒制成世界上第一辆四轮汽车。

1886年1月29日,本茨向德国专利局申请汽车发明的专利,同年11月2日专利局正式批准发布。因此,1886年1月29日被公认为是世界汽车的诞生日,本茨的专利证书也成了世界上第一张汽车专利证书。本茨和戴姆勒是人们公认的以内燃机为动力的现代汽车的发明者,他们的发明创造,成为汽车发展史上最重要的里程碑,他俩也因此被世人尊称为"汽车之父"。

卡尔·本茨设计的三轮汽车

20世纪上半叶:蓬勃发展

1887年,法国庞哈德·莱瓦索马车制造公司获得戴姆勒高速汽油机在法国生产的专利权。按买主要求,依靠技巧娴熟的工匠用手工在装配大厅配制每辆各不相同的轿车。1888 年,法国自行车商人埃米尔·罗杰获得本茨的许可,也开始生产商用汽车。当时的法国巴黎道路宽阔,且有奢华风尚,带动了汽车需求。

1893 年,鲁道夫·狄塞尔制成了一台柴油四冲程发动机,即世界上首台柴油机。其原理是空气在压缩行程中被活塞剧烈压缩而产生高温,之后燃料被喷入汽缸,随即发生自燃。1895 年,本茨推出了第一款客车,首次提供载客服务。1899 年,路易·雷诺量产其第一台四门汽车,同年取得涡轮增压的专利。

1900 年前后,继德国、法国之后,美国、英国和意大利出现了多家这种作坊式汽车生产公司。1900 年欧美共生产汽车 9504 辆。当时的汽车仍然是用手工方式制造,虽然已经由标准化的部件组成量产车,但实际上汽车的产量仍然很少。汽车实际上被定位为高端的奢侈品,虽然当时的所谓奢侈并不算很豪华,但只有富裕人士才买得起个人或家庭用的轿车。

福特 T 型车

20 世纪初,美国工程师亨利·福特试图研制一种可以大量生产并低价出售的汽车,经六次创业失败后,福特汽车公司终于在 1908 年成功把福特 T 型车放到装配线上生产,从而降低了售价,又以分期付款的方式进一步降低购买门槛,而且福特 T 型车的品质甚至优于当时一些手工制造的高价汽车,因为它可以在路况差的地面上行驶而不发生故障或意外。

大批量流水线生产的成功,不仅使T型车成为有史以来最普遍的车种,而且使家庭轿车的神话变为现实。福特发明的流水线生产方式的成功,不仅大幅度地降低了汽车成本、扩大了汽车生产规模、创造了一个庞大的汽车工业,而且使当时世界上的大部分汽车生产从欧洲移到了美国。

1914年一战爆发,先是出现装甲车用于作战,又动员民用汽车运送兵员和补给品,连巴黎的出租车都加入了运送兵员的行列。战争使各国参谋部领悟到汽车对实现军队机动化是不可或缺的,战争推进了汽车尤其是载货汽车的发展,使汽车类型逐渐完善、趋于多样化,同时各种汽车新技术层出不穷。

20世纪20年代,美国杜森伯格、皮尔斯-箭、帕卡德、林肯、施图兹和凯迪拉克等公司按顾客意愿设计车身,服务于经济富裕买主;欧洲豪华型轿车制造公司竞相设计豪华车型,供富人享用,如劳斯莱斯、宾利、苏依莎、佛雷曲尼、布加迪、阿尔法·罗密欧等,还有专为赛车手推出的车型。

英国劳斯莱斯汽车公司在20世纪30年代生产的劳斯莱斯25/30

1922年,美国哈得逊公司率先出售封闭式厢形轿车,这种形式车身很受欢迎,1923年在美国市场占有率超过传统的敞篷式轿车,到1929年在美国市场占有率高达90%。随着汽车车身结构的演变,在汽车使用材料方面主要开发出薄钢板轧制新技术。同时,平板玻璃连续处理技术,让汽车用上了安全玻璃。此外，汽车涂装的快速干燥技术，以及汽车燃油炼制方面开发出高辛烷值汽油炼制工艺，为提高发动机设计水平提供了有力支撑。

在汽车结构方面的技术创新还有：1920 年杜森伯格公司在四个车轮上全部采用液压制动器。在此之前，仅后轮装制动器便可满足当时稀疏交通和低速行车的需要。随着车速提高，四轮液压制动逐步普及，直到 20 世纪 30 年代才全部取代拉索连杆式后两轮制动方式。1927 年帕卡德公司开始在后驱动桥主传动采用双曲线伞齿轮，使得传动轴、地板和车身高度降低，整车重心下降，提高了在美国大部分已是铺装道路上高速行车的稳定性。低压轮胎取代了早期汽车使用的多种硬质胎、高压胎。除性能要求最简单的车子，所有汽车都具备了风雨防护结构。

二战迫使汽车转入战时体制，民用轿车生产基本停止，汽车工厂主要生产军用车辆和武器装备。战争期间，汽车技术进步主要在发动机、燃料、润滑油方面，也促进了合成橡胶的发展。

20 世纪下半叶：快速进步

二战后，汽车无论是在外形、性能还是颜色上，都发展变化很快，汽车外形演变的每一个时期都在不断地开拓汽车新的造型，除了使汽车性能得以提升，也促进了汽车美学的发展。

汽车产品的多样化时期为 20 世纪 50 年代至 70 年代，是世界汽车发展的黄金时段。20 世纪 50 年代，美国汽车业界已形成通用、福特、克莱斯勒三大公司鼎立局面，并且以压倒性优势雄踞世界汽车市场。同时期的欧洲厂商也开始实行量产化，另外，欧洲厂商具有卓越的产品设计技术，从而生产出各式各样的跑车，转而销往美国，从而出现欧美两霸并存的局面。

与欧美相比，日本的石油完全依赖进口，故主要发展了省油的小型车和柴油商用车。日本引进欧美先进产品和制造技术，把美国管理技术融合为日本方式，推行全面质量管理，整合零部件和材料供应商形成系列化协作配套体系，推行大量生产和装备持续现代化。1963 年丰田汽车公司全面推行把工件号、数量、时间、工程和用途等指令记入看板，实现了精益生产方式，这是组织汽车生产的又一重要技术进步。日本政府和企业共同推进产品出口，参加世界汽车拉力赛促进了汽车性能水平的提高，国际竞争力逐年提高，1973 年日本出口汽车达到 200 万辆，其中轿车 145 万辆。

1973年、1979年世界出现两次石油危机,汽车需求锐减,小型省油车市场看好,对世界汽车发展和汽车工业格局影响很大。这一影响历经十年,1984年之后才步入新一轮增长期。由于20世纪70年代石油危机所致,日本车商以省油耐用的低价格小汽车赢得当时消费者的青睐,至此,世界汽车形成了美、日、欧并存的格局。

日本丰田汽车公司在20世纪70年代推出的丰田卡罗拉第三代车型

日本生产的小型车耐用、便宜、性价比高,符合国外排放、安全标准,尤其是省油的特点,深受国际市场欢迎,特别是对美国出口猛增,1980年汽车出口近600万辆,汽车产量达1100万辆,首次超过美国位居世界第一,并保持到1993年,1994年被美国超过。

石油危机极大地促进了汽车节能技术的发展,尤其是优化排放的技术。例如,发展小型车,减轻汽车自重,提高汽车传动效率,无内胎钢丝子午线轮胎普及化并改善轮胎花纹,降低汽车风阻;发展了发动机的稀薄燃烧、配气、供油和点火的电子控制以及增压技术,热效率高于汽油机的柴油机成为商用车的主要动力,柴油车的比例日益增加;使用压缩天然气、液化石油气、掺烧甲醇、乙醇、植物油等代用燃料;开发了电动、混合动力和燃料电池等新能源汽车。

20 世纪 80 年代，汽车逐渐步入电子化、智能化时代，新兴的电子技术取代汽车原来单纯的机电液压控制系统以满足对汽车安全、排放、节能日益严格的要求。最初出现的有电子控制的燃油喷射、点火、排放、防抱死制动、驱动力防滑、灯光、故障诊断系统及报警系统等。

20 世纪 90 年代以后，陆续出现了智能化的发动机控制、自动变速、动力转向、电子稳定程序、主动悬架、座椅位置、空调、刮水器、安全带、安全气囊、防碰撞、防盗、巡航行驶、全球卫星定位等不胜枚举的智能化自动控制系统。还有车载音频、视频数字多媒体娱乐系统，无线网络和智能交通等车辆辅助信息系统。

21 世纪：新的方向

21 世纪以来，人工智能和环保成为汽车的发展方向。2001 年，第一种混合动力电动车丰田普锐斯开始面向国际市场出售。2003 年，美国特斯拉汽车公司成立，其是世界上最早的自动驾驶汽车生产商。2012 年，无人驾驶汽车进行路面实际试验。2013 年，美国部分州通过自动驾驶汽车行驶法例。目前一些国家已经宣布禁售燃油汽车的时间表，英国和法国宣告在 2040 年后，禁止出售使用汽油和柴油的轿车。

美国特斯拉汽车公司推出的特斯拉 Model 3 纯电动轿车

汽车的主要分类

汽车的分类方式并无定论，按使用性质，可分为客车、货车、客货两用车（或称厢形车）、特种车等。按所用燃料，可分为汽油车、柴油车、电动车、氢气车、油电混合车、天然气车等。按主要用途，可分为乘用车、商用车。乘用车包括轿车和9座以下的主要用于乘坐的汽车，含运动型多用途车（SUV）、多功能休旅车（MPV）及家用皮卡等。商用车在设计和技术特征上是用于运送人员和货物的汽车，以营利为目的，包括货车、工程车、9座以上的客车以及拖拉机、农用车、矿用车等。

本书所介绍的主要是乘用车。按功能性质，乘用车可分为轿车、跑车、运动型多用途车、多功能休旅车、皮卡等。按车体风格，乘用车可分为四门轿车、双门轿跑车、五门掀背车、五门旅行车、双门敞篷车等。

在乘用车中，轿车是使用最广泛的一种。对于轿车的分类，各个国家的分类原则各不相同。例如，德国汽车界将轿车分为A00级（微型车）、A0级（小型车）、A级（紧凑型车）、B级（中型车）、C级（中大型车）、D级（大型车）。而美国、日本汽车界也有自己的分类方式。

汽车的基本构造

汽车是复杂性颇高的工业化产品，包含各式各样的主系统、次系统及零部件。一般来说，汽车由发动机、底盘、车身和电气设备四个基本部分组成。

发动机是汽车的动力装置。由两大机构、五大系组成。两大机构是指曲柄连杆机构、配气机构。五大系是指冷却系、燃料供给系、润滑系、点火系、启动系。

底盘的作用是支撑、安装汽车发动机及其各部件，形成汽车的整体造型，并接受发动机的动力，使汽车产生运动，保证正常行驶。底盘由传动系、行驶系、转向系和制动系四部分组成。

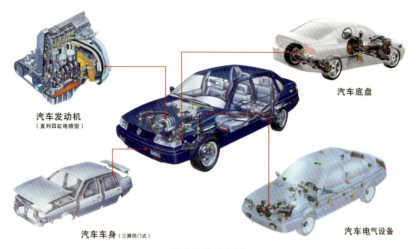

汽车构造示意图

车身安装在底盘的车架上,用于驾驶员、旅客乘坐或装载货物。轿车、客车的车身一般是整体结构,货车的车身一般是由驾驶室和货厢两部分组成。

电气设备由电源和用电设备两大部分组成。电源包括蓄电池和发电机;用电设备包括发动机的启动系、汽油机的点火系和其他用电装置。

汽缸排列形式

汽缸排列形式是指多汽缸发动机各个汽缸的排布形式,简单来说,就是发动机上汽缸所排出的队列形式。常见的汽缸排列形式主要有直列(L或I)、V型(V)、W型(W)、水平对置(H)、转子(R)和VR型(VR)等。

▶▶▶ 直列发动机

直列发动机,一般缩写为L,如L4代表直列4缸。直列布局是如今使用最为广泛的汽缸排列形式,尤其是用在2.5升以下排量的发动机上。这种布局的发动机的所有汽缸均是按同一角度并排成一个平面,并且只使用了一个汽缸盖,同时其缸体和曲轴的结构也相对简单,就像汽缸们站成了一列纵队。常见的直列发动机大致有L3、L4、L5、L6(数字代表汽缸数量)。

直列发动机的优势在于尺寸紧凑、稳定性高、低速扭矩特性好、燃料消耗较少，制造成本也更低。紧凑的体积让它可以适应更灵活的布局，也方便布置增压器之类的装置。直列发动机的主要缺点是发动机本身的功率较小，并不适合配备 6 缸以上的车型。

宝马 L6 发动机

V 型发动机

V 型发动机，就是将所有汽缸分成两组，把相邻汽缸以一定夹角布置在一起（左右两列汽缸中心线的夹角小于 180°），使两组汽缸形成一个夹角的平面，从侧面看汽缸呈"V"字形（通常的夹角为 60°），故称 V 型发动机。

与直列布局形式相比，V 型发动机缩短了机体的长度和高度，而更低的安装位置也便于设计师设计出风阻系数更低的车身，同时得益于汽缸对向布置，还可抵消一部分振动，使发动机运转更为平顺。因此一些追求舒适平顺驾乘感受的中高级车型，大多坚持使用大排量 V 型发动机，而不使用技术更先进的"小排量直列发动机＋增压器"的动力组合。

凯迪拉克 V8 发动机

发动机汽缸采用"V"形布局，可以说在结构层面上克服了一些传统直列布局的劣势。不过精密的设计让制造工艺更复杂，同时由于机体的宽度较大，也不方便安装其他辅助装置。

W 型发动机

许多人以为就像 V 型发动机的汽缸呈"V"形排列一样，W 型发动机的汽缸排列形式也一定是呈"W"形，其实不然，它只是近似"W"形排列，严格说来还是属于 V 型发动机，是 V 型发动机的一个变种。

W 型发动机与 V 型发动机相比是将发动机做得更短一些，曲轴也短一些，这样就能节省发动机所占的空间，同时重量也可轻一些，但它的宽度更大，使得发动机舱更满。W 型发动机最大的问题是发动机由一个整体被分割为两个部分，在运行时必然会引起很大的振动。针对这个问题，德国大众汽车公司在 W 型发动机上设计了两个反向转动的平衡轴，让两个部分的振动在内部相互抵消。

大众 W8 发动机

▶▶▶ 水平对置发动机

如前所述，V 型布局形成的夹角通常为 60°（左右两列汽缸中心线的夹角小于 180°），而水平对置发动机的汽缸夹角为 180°。

水平对置发动机的最大优点是重心低。由于它的汽缸为"平放"，不仅降低了汽车的重心，还能让车头设计得又扁又低，这些因素都能增强汽车的行驶稳定性。同时，水平对置的汽缸布局是一种对称稳定结构，这使得发动机的运转平顺性比 V 型发动机更好，运行时的功率损耗也更小。更低的重心和均衡的分配也为车辆带来更好的操控性。

保时捷 H6 发动机

水平对置发动机的主要缺点是结构复杂、制造难度大、养护成本高，同时机油润滑问题也很难解决。横置的汽缸因为重力的原因，会使机油流到底部，使一边汽缸得不到充分的润滑。目前，世界上只有极少数汽车公司还在使用水平对置发动机。

>>> 转子发动机

转子发动机又称米勒循环发动机，由德国人菲加士·汪克尔发明，之后这项技术由日本马自达汽车公司收购。

传统的汽缸往复运动式发动机，工作时活塞在汽缸里做往复直线运动，而为了把活塞的直线运动转化为旋转运动，必须使用曲柄连杆机构。转子发动机则不同，它直接将可燃气的燃烧膨胀力转化为驱动扭矩。与往复式发动机相比，转子发动机取消了无用的直线运动，因而同样功率的转子发动机尺寸较小，重量较轻，而且振动和噪声较低，具有较大优势。

在三角转子转动时，以三角转子中心为中心的内齿圈与以输出轴中心为中心的齿轮啮合，齿轮固定在缸体上不转动，内齿圈与齿轮的齿数之比为3∶2。上述运动关系使得三角转子顶点的运动轨迹（即汽缸壁的形状）似"8"字形。三角转子把汽缸分成三个独立空间，三个空间各自先后完成进气、压缩、做功和排气，三角转子自转一周，发动机点火做功三次。而转子发动机的转子每旋转

马自达转子发动机

一圈就做功一次。与一般的四冲程发动机每旋转两圈才做功一次相比，具有高功率容积比（发动机容积较小就能输出较多动力）的优点。另外，由于转子发动机的轴向运转特性，它不需要精密的曲轴平衡就能达到较高的转速。整个发动机只有两个传动部件，与一般的四冲程发动机具有进、排气活门等20多个活动部件相比结构大大简化，故障的发生率也大大降低。

除了上述优点外，转子发动机的优点还包括重心低等。其缺点是发动机在使用一段时间之后容易因为油封材料磨损而造成漏气问题，会增加油耗。另外，其独特的机械结构也造成这类发动机较难维修。

VR 型发动机

VR 型发动机与 W 型发动机一样是德国大众汽车公司的专属产品。1991 年，大众汽车公司开发了一种 15°夹角的 2.8 升 V6 发动机，称作 VR6，并安装在大众高尔夫第三代车型上。这种发动机结构紧凑，宽度接近于直列发动机，长度略大于直列 4 缸发动机。

VR 型发动机的汽缸夹角非常小，两列汽缸接近平行，汽缸盖上火花塞的孔几乎并在一条直线上。VR 型发动机的特点就是体积很小，所以非常适用于大众车系的前置发动机平台。因为大众的前置发动机前轮驱动底盘都是纵置式的设计，而且发动机在前轴之前，所以发动机不能过长，否则难以布置前悬架系统。VR 型发动机非常紧凑，由于两列汽缸相隔很近，所以只需要一个汽缸盖，比 90°夹角和 60°夹角的 V6 发动机成本低很多。从动力参数来看，VR 型发动机并不逊色于普通的 V6 发动机。不过，VR 型发动机在研发之初就暴露了明显的抖动问题。虽然大众汽车公司通过一系列的平衡稳定手段使问题得以明显改善，但依然没有彻底解决问题。

大众 VR6 发动机

知名汽车展会

北美车展

北美车展的前身是美国底特律国际汽车展览会，至今已有百余年历史。1900 年 11 月，美国汽车俱乐部在纽约召开了第一届世界汽车博览会，1907 年转移到底特律汽车城，当时会场设在贝乐斯啤酒花园，小小的展示区中参加的车厂只有 17 家，车辆不过 33 辆。1957 年，欧洲车厂远渡重洋而来，首次出现了沃尔沃、梅赛德斯 - 奔驰、保时捷的身影，获得了美国民众的高度重视。从 1965 年起，展览移至底特律科博会展中心。1989 年，底特律车展更名为北美国际汽车展，每年 1 月办展。

巴黎车展

巴黎车展起源于 1898 年的国际汽车沙龙会，自 1898 年至 1976 年，每年一届，此后每两年一届。每年的 9 月底至 10 月初在巴黎举行。巴黎车展始终围绕着"新"字做文章。与此同时，巴黎车展也是概念车云集的海洋，各款新奇古怪的概念车常常使观众眼前一亮。

日内瓦车展

日内瓦车展起源于 1905 年，主办单位是世界汽车工业国际协会。每年 3 月办展，是各大汽车品牌推出新产品的主要展出平台，素有"国际汽车潮流风向标"之称。日内瓦车展在展览面积 7 万多平方米的室内展馆举行，面积虽然不大，却是生产豪华轿车的世界著名汽车品牌的必争之地。

法兰克福车展

法兰克福车展的前身为柏林车展，创办于 1897 年，1951 年移到法兰克福举办。法兰克福车展是世界规模最大的车展，有"汽车奥运会"之称。每两年一届的法兰克福车展一般安排在每年 9 月中旬开展，为期两周左右。参展的商家主要来自欧洲、美国和日本，尤其以欧洲汽车品牌居多。2021 年起，主办地点改至慕尼黑。

东京车展

东京车展创办于 1954 年，逢单数年秋季办展，是亚洲最大的国际车展，被誉为"亚洲汽车风向标"。东京车展在日本东京近邻的千叶县举行，其各类电子三维展示装备让车展的参观者有"头晕目眩"的奇妙感。1999 年的东京车展创下了参观人数达 140 万的世界纪录。

 汽车相关术语

整备质量（kg）：汽车完全装备好的质量，包括润滑油、燃料、随车工具、备胎等所有装置的质量。

最大总质量（kg）：汽车满载时的总质量。

最大装载质量（kg）：汽车在道路上行驶时的最大装载质量。

最大轴载质量（kg）：汽车单轴所承载的最大总质量。

车长（mm）：汽车长度方向两极端点间的距离。

车宽（mm）：汽车宽度方向两极端点间的距离。

车高（mm）：汽车最高点至地面间的距离。

轴距（mm）：汽车前轴中心至后轴中心的距离。

轮距（mm）：同一车轴左右轮胎胎面中心线间的距离。

前悬（mm）：汽车最前端至前轴中心的距离。

后悬（mm）：汽车最后端至后轴中心的距离。

最小离地间隙（mm）：汽车满载时，最低点至地面的距离。

接近角（°）：汽车前端突出点向前轮引的切线与地面的夹角。

离去角（°）：汽车后端突出点向后轮引的切线与地面的夹角。

转弯半径（mm）：汽车转向时，汽车外侧转向轮的中心平面在车辆支撑平面上的轨迹圆半径。方向盘转到极限位置时的转弯半径为最小转弯半径。

最高车速（km/h）：汽车在道路上行驶时能达到的最大速度。

最大爬坡度（°）：汽车满载时的最大爬坡能力。

平均燃料消耗量（L/100km）：汽车在道路上行驶时每百公里平均燃料消耗量。

车轮数和驱动轮数（n×m）：车轮数以轮毂数为计量依据，n代表汽车的车轮总数，m代表驱动轮数。

压缩比：汽缸总容积与燃烧室容积的比值，它表示活塞从下止点移到上止点时汽缸内气体被压缩的程度。压缩比是衡量汽车发动机性能指标的一个重要参数。

排量（cc）：汽缸工作容积是指活塞从上止点到下止点所扫过的气体容积，又称为单缸排量，它取决于缸径和活塞行程。发动机排量是各缸工作容积的总和。发动机排量是最重要的结构参数之一，它比缸径和缸数更能代表发动机的大小，发动机的许多指标都和排量密切相关。

扭矩（N·m）：扭矩是使物体发生转动的力矩。发动机的扭矩是指发动机从曲轴端输出的力矩。在功率固定的条件下它与发动机转速成反比关系，转速越快扭矩越小，反之越大，它反映了汽车在一定范围内的负载能力。

第 2 章 轿 车

　　轿车是指用于载送人员及其随身物品，且座位布置在两轴之间的汽车。其外形类似古代的轿子，故名为"轿车"。一般轿车强调的是舒适性，以乘员为中心。本章主要讲解了世界主要汽车品牌旗下正在销售的重要车型，同时加入了轿车发展史上一些影响力较大的车型。

奥迪 A4L

奥迪 A4L（Audi A4L）是奥迪 A4 的中国市场衍生车型，后者是德国奥迪汽车公司在 1994 年推出的前置前驱/四驱轿车，并分别于 2000 年（第二代）、2004 年（第三代）、2008 年（第四代）、2015 年（第五代）推出换代车型。该车是奥迪销量最高的车型，在市场上的主要竞争对手包括梅赛德斯 - 奔驰 C 级、宝马 3 系等。

基本参数 (2022 年款旗舰版)	
上市时间	2021 年 12 月
级别	中型轿车
车身结构	4 门 5 座三厢车
驱动方式	前置四驱
发动机	2.0T 252 马力 L4
变速箱	7 挡湿式双离合
长 × 宽 × 高 (毫米)	4858×1847×1411
轴距	2908 毫米
整备质量	1725 千克
最高车速	240 公里 / 时
0~100 公里 / 时加速	6.6 秒

奥迪 A4L 与欧洲版的主要区别是车身尺寸和轴距更大，以满足中国用户对后排乘坐空间的更高要求。目前，在售的第五代车型采用轻质混合材料和轻量化设计，具有极佳的空间利用率。其六边形进气格栅有两种设计，动感型为蜂窝式，雅致型为合金多横幅式。车身侧面有腰线贯穿，整车设计相比上一代车型更加运动化。两侧后视镜也从原本连接在车窗上改为连接在车门处，官方称这一改动有效地降低了车身的风阻系数。

> **小知识：**
> 奥迪汽车公司还研发了高性能版本的奥迪 A4，依据性能分成奥迪 S4 以及奥迪 RS4。其中，奥迪 RS4 第四代车型于 2018 年上市，搭载 2.9 升 V6 涡轮增压汽油发动机，0~100 公里 / 时加速仅需 4.1 秒。

第 2 章 轿 车

奥迪 A4L（第五代车型）侧前方视角

奥迪 A4L（第五代车型）内饰

奥迪 A6L

奥迪 A6L（Audi A6L）是奥迪 A6 的中国市场衍生车型，后者是德国奥迪汽车公司在 1994 年推出的前置前驱/四驱轿车，并分别于 1997 年（第二代）、2004 年（第三代）、2011 年（第四代）、2018 年（第五代）推出了换代车型。长期以来，奥迪 A6L 的公务用车形象深入人心，即便是在欧美地区，它同样也受到政府机构以及商界人士的喜爱。

基本参数 (2022 年款旗舰版)	
上市时间	2022 年 8 月
级别	中大型轿车
车身结构	4 门 5 座三厢车
驱动方式	前置四驱
发动机	3.0T 340 马力 V6
变速箱	7 挡湿式双离合
长×宽×高(毫米)	5050×1886×1475
轴距	3024 毫米
整备质量	1995 千克
最高车速	250 公里/时
0~100 公里/时加速	5.6 秒

奥迪 A6L 与欧洲版的主要区别是车身尺寸和轴距更大。目前在售的第五代车型将前脸上原本被前保险杠分开的散热和进气格栅变成了一个完整的梯形格栅。这种设计将复古、经典与现代、时尚有机地融为一体。与奥迪 A4L 一样，奥迪 A6L 也有两种前脸设计，致雅型前脸采用充满高级感的双薄片设计，动感型前脸采用现代感十足的浮动镀铬设计。奥迪 A6L 的车身尾部上方略微翘起，具有扰流板的功效，可使车辆在高速行驶时获得足够的抓地力，从而增强了高速行驶状态下车辆的操控性和安全性，同时也使尾部造型更显硬朗和运动化。

第 2 章 轿 车

奥迪 A6L（第五代车型）正前方视角

奥迪 A6L（第五代车型）内饰

奥迪 A8L

奥迪 A8L（Audi A8L）是奥迪 A8 的中国市场衍生车型，后者是德国奥迪汽车公司于 1994 年推出的前置前驱/四驱轿车，并分别于 2002 年（第二代）、2009 年（第三代）、2017 年（第四代）推出了换代车型。

奥迪 A8L 在同级车中率先使用了轻量化全铝合金车身，不仅坚固耐用，而且减轻了车身重量。第四代车型基于大众 MLB Evo 平台打造，采用奥迪全新家族式的六边形进气格栅设计，平直的线条令整体风格更加年轻，点阵式银翼造型进气格栅彰显家族旗舰身份，发动机盖隆起的线条也强调了新一代车型的力量感。该车采用贯穿式尾灯设计，尾灯采用 OLED 光源，点亮效果极具识别度。内饰方面，搭载了奥迪第二代虚拟座舱技术，没有采用以往常用的悬浮式中控屏设计。

基本参数 (2022 年款旗舰版)	
上市时间	2022 年 8 月
级别	大型轿车
车身结构	4 门 5 座三厢车
驱动方式	前置四驱
发动机	4.0T 460 马力 V8
变速箱	8 挡手自一体
长×宽×高（毫米）	5302×1945×1483
轴距	3128 毫米
整备质量	2295 千克
最高车速	250 公里/时
0~100 公里/时加速	4.4 秒

奥迪 A8L 第四代车型是奥迪旗下首款搭载 48V 轻混系统的车型，并配备了动态四轮转向系统，它能根据不同的车速来调整转向，令车辆操控更加平稳。另外，该车款还配备了自适应空气悬架系统，它可以根据不同的驾驶环境实现对每一个车轮进行独立调整，令车辆即使在颠簸的道路上也能保持平稳的姿态。

宾利雅致

宾利雅致（Bentley Arnage）是英国宾利汽车公司在1998—2009年期间生产的豪华轿车，有雅致、雅致T、雅致R、雅致RL等车型，可满足不同用户的需求。

宾利雅致是劳斯莱斯银天使的衍生车型，拥有与之相同的平台和外形设计。雅致系列继承了宾利经典的外形风格，内饰设计兼顾了豪华和科技。该车是由宾利的工程师团队按照用户的个性化需求而量身

基本参数 (2009年款旗舰版)	
上市时间	2009年9月
级别	大型轿车
车身结构	4门5座三厢车
驱动方式	前置后驱
发动机	6.8T 500马力 V8
变速箱	6挡手自一体
长×宽×高(毫米)	5400×1900×1515
轴距	3116毫米
整备质量	2585千克
最高车速	270公里/时
0~100公里/时加速	5.5秒

定做的，用户还可参与早期的设计工作。从防弹车身到先进的娱乐和通信系统，雅致系列都考虑得十分周到。

雅致系列将宾利的造车宗旨体现得淋漓尽致：精湛的工艺、卓越的性能、豪迈的驾乘感受，是一款名副其实的高性能豪华轿车。雅致T曾是动力最强的宾利轿车，其速度在同时代的4门轿车中名列前茅。雅致R更注重车身刚性，做了多方面的机械改良工作，并进一步改善了操控性，包括加置后防倾杆，加厚前防倾杆，令转弯时抗倾翻能力更强。雅致RL则是雅致系列的豪华担当，它以雅致R为基础，轴距增加了250毫米，为车内乘客提供更豪华和舒适的环境。

宾利飞驰

宾利飞驰（Bentley Flying Spur）是英国宾利汽车公司在2005年推出的豪华轿车，并分别于2013年（第二代）、2019年（第三代）推出了换代车型。

宾利飞驰的设计团队和宾利欧陆GT相同，第一代车型的动力配置也和宾利欧陆GT一样，但是底盘和大众辉腾共用，生产线也是德国沃尔夫斯堡的大众辉腾生产线。目前在售的第三代车型采用全新的平台，整体质感得到大幅提升。这一代车型首次配备了全轮转向系统，底盘采用全新铝材与复合材料打造。自适应空气悬架、扭矩矢量分配制动系统、动态驾驶控制系统以及电动助力转向系统均为该车标配。此外，用户还可选装48V主动式侧倾控制系统、电动全轮转向系统，以进一步提升车辆操控体验。除了搭载V8发动机、W12发动机的版本以外，第三代车型还首次推出了插电式混合动力版本。

基本参数（2022年款旗舰版）	
上市时间	2022年2月
级别	大型轿车
车身结构	4门5座三厢车
驱动方式	前置四驱
发动机	6.0T 635马力 W12
变速箱	8挡湿式双离合
长×宽×高(毫米)	5316×1978×1483
轴距	3194毫米
整备质量	2437千克
最高车速	333公里/时
0~100公里/时加速	3.8秒

宾利慕尚

宾利慕尚（Bentley Mulsanne）是英国宾利汽车公司在 2010 年推出的豪华轿车，2016 年推出中期改款车型。由于销量不佳，宾利汽车公司于 2020 年 6 月宣布放弃宾利慕尚下一代车型的研发工作。

宾利慕尚是近 80 年来第一款由宾利汽车公司自主设计的旗舰车型，取代了宾利雅致。该车采用明快凌厉、灵动流畅的线条，整体外形显得大气庄重。大型不锈钢竖条格栅

基本参数 (2016 年款旗舰版)	
上市时间	2016 年 6 月
级别	大型轿车
车身结构	4 门 5 座三厢车
驱动方式	前置后驱
发动机	6.8T 537 马力 V8
变速箱	8 挡手自一体
长 × 宽 × 高 (毫米)	5575×1926×1521
轴距	3266 毫米
整备质量	2685 千克
最高车速	305 公里 / 时
0~100 公里 / 时加速	4.9 秒

两侧各有一对悬浮式自适应全 LED 大灯，光束模式可根据驾驶条件自动调节，极大地提高了夜视能力。外侧大灯的底线与主大灯处于同一高度。该车采用 6.8 升 V8 双涡轮增压汽油发动机，8 挡手自一体变速箱与后轮驱动相结合，可实现平顺换挡、无缝加速，同时有效提高燃油的经济性并减少二氧化碳排放。宾利慕尚的动态驾驶控制系统可通过换挡杆旁边的旋转开关来操作，有三种标准驾驶模式：宾利模式、舒适模式和运动模式，这些模式提供悬架和转向系统的精确校准。

保时捷帕拉梅拉

保时捷帕拉梅拉（Porsche Panamera）是德国保时捷汽车公司在2009年推出的前置后驱/四驱豪华轿车，并于2016年（第二代）推出了换代车型。

帕拉梅拉车身线条圆润流畅，没有任何棱角。该车采用5门掀背设计，前脸两侧各有一个大型进气口，水平条式雾灯横穿其中，造型颇为独特。车身侧面线条处理得简洁柔和，既优雅又动感。车身侧面

基本参数（2021年款旗舰版）	
上市时间	2020年8月
级别	大型轿车
车身结构	5门4座掀背车
驱动方式	前置四驱
发动机	4.0T 630马力V8
变速箱	8挡湿式双离合
长×宽×高（毫米）	5199×1937×1432
轴距	3100毫米
整备质量	2199千克
最高车速	315公里/时
0~100公里/时加速	3.2秒

的长条形散热口则是帕拉梅拉独有的造型设计之一。帕拉梅拉的轴距较长，后座腿部空间比较充裕，平整的车顶弧线造就了充足的头部空间。此外，帕拉梅拉还提供了容积为400升的行李箱，并且在放倒后排座椅后，空间可以大幅提升至1248升。

帕拉梅拉的可选配置较为丰富，自适应巡航控制系统、前后座椅加热、前排座椅通风、四区恒温系统等多达几十种选装配置，可以自由选配，随意定制。车身颜色除了白色为标配颜色外，还有十余种车身颜色可供选配。标配轮毂为18英寸合金轮毂，也可选配19英寸、20英寸轮毂。

第 2 章 轿　车

帕拉梅拉 GTS（第二代车型）

帕拉梅拉 4S Sport Turismo（第二代车型）

宝马3系

宝马3系（BMW 3 Series）是德国宝马汽车公司在1975年推出的前置后驱/四驱轿车，并分别于1982年（第二代）、1990年（第三代）、1997年（第四代）、2004年（第五代）、2011年（第六代）、2018年（第七代）推出了换代车型。2003年，宝马集团与华晨汽车集团合资在中国建厂，开启了宝马在中国市场的新篇章。华晨宝马汽车公司引入国产的第一款车型就是宝马3系。

基本参数 (2023年款旗舰版)	
上市时间	2022年8月
级别	中型轿车
车身结构	4门5座三厢车
驱动方式	前置四驱
发动机	2.0T 245马力 L4
变速箱	8挡手自一体
长×宽×高(毫米)	4838×1827×1454
轴距	2851毫米
整备质量	2070千克
最高车速	250公里/时
0~100公里/时加速	6.3秒

宝马3系是宝马最成功也是销量最大的车系，1992年至2009年曾连续18年入选美国著名汽车杂志《Car and Driver》评出的"十款最佳车型"。目前在售的第七代车型日间行车灯采用双"L"形设计，视觉冲击力很强。最新的镀铬装饰五星轮毂，相比上一代车型带来的运动感更强。大尺寸的贯穿式显示屏，展现出较强的科技感。在车内空间和后排座椅舒适度方面，第七代车型也有所提升。除标准版外，华晨宝马汽车公司还推出了长轴版，其轴距、车身长度和高度均有所增加。

> 小知识：
> 宝马汽车公司在宝马 3 系的基础上推出高性能版本的宝马 M3 于 1986 年首次亮相，它被定位为日常用车兼顾赛道跑车。

宝马 3 系（第七代车型）侧后方视角

宝马 3 系（第七代车型）内饰

宝马 5 系

宝马 5 系（BMW 5 Series）是德国宝马汽车公司在 1972 年推出的前置后驱/四驱轿车，并分别于 1981 年（第二代）、1988 年（第三代）、1995 年（第四代）、2003 年（第五代）、2010 年（第六代）、2017 年（第七代）推出了换代车型。在中国市场该车由华晨宝马汽车公司生产，中国版与欧洲版在外观造型上没有太大差异，主要区别是中国版的轴距、车身长度和高度有所增加，车内空间更大，后排座椅舒适性更好。

基本参数 (2022 年款旗舰版)	
上市时间	2022 年 8 月
级别	中大型轿车
车身结构	4 门 5 座三厢车
驱动方式	前置后驱
发动机	2.0T 252 马力 L4
变速箱	8 挡手自一体
长×宽×高（毫米）	5106×1868×1500
轴距	3105 毫米
整备质量	1775 千克
最高车速	250 公里/时
0~100 公里/时加速	6.9 秒

宝马 5 系采用宝马家族式设计，车身侧面雕塑感双腰线和标配梯形双边单出排气尾管，构成动感的外形。智能降阻进气格栅和前轮罩"鲨鱼腮"导流孔，可提供良好的空气动力学性能，降低油耗和排放量。此外，该车还有 M 运动套装和彰显高雅风范的豪华套装可供选择。宝马 5 系车内空间宽敞，后排座椅可实现肩部等多个位置的独立调节。该车四区空调和座椅通风系统大幅提升了乘坐舒适性。贴心的车内降噪设计，为乘客提供良好的静音环境。后排智能触控系统，可轻松调控氛围灯、座椅角度等，灵活便捷。

宝马 7 系

宝马 7 系（BMW 7 Series）是德国宝马汽车公司在 1977 年推出的前置后驱/四驱豪华轿车，并分别于 1986 年（第二代）、1994 年（第三代）、2001 年（第四代）、2009 年（第五代）、2015 年（第六代）、2022 年（第七代）推出了换代车型。该车是宝马品牌的旗舰车型，仅在德国本土生产。

基本参数 (2022 年款旗舰版)	
上市时间	2022 年 7 月
级别	大型轿车
车身结构	4 门 5 座三厢车
驱动方式	前置四驱
发动机	3.0T 340 马力 L6
变速箱	8 挡手自一体
长×宽×高(毫米)	5273×1902×1498
轴距	3210 毫米
整备质量	2039 千克
最高车速	250 公里/时
0~100 公里/时加速	5.1 秒

宝马 7 系第七代车型采用巨幅双肾进气格栅，配合直瀑式镀铬饰条，极具视觉冲击力。大灯采用全新的分体式设计，上方双"L"形 LED 日间行车灯的内部结构比较复杂，下方的远近一体激光大灯颇有质感。内饰方面，该车采用全新的一体式悬浮曲面屏，由 12.3 英寸仪表盘与 14.9 英寸触控式中央显示屏组成。车内顶部设有分辨率高达 8K、尺寸达到 31 英寸的超宽全景显示屏，向下翻折后可支持 32∶9 模式播放娱乐内容，堪称一个移动的专属私人影院。动力方面，第七代车型提供纯电、插电式混合动力、燃油多种动力组合。其中，纯电车型宝马 i7 搭载一套容量为 101.7 千瓦时的三元锂电池组，纯电动续航里程约 600 公里。

本田思域

本田思域（Honda Civic）是日本本田汽车公司在1972年推出的前置前驱轿车，并分别于1979年（第二代）、1983年（第三代）、1987年（第四代）、1991年（第五代）、1995年（第六代）、2000年（第七代）、2005年（第八代）、2011年（第九代）、2015年（第十代）、2021年（第十一代）推出了换代车型。

从诞生起，思域就代表着本田不断挑战、不断突破的精神，堪称

基本参数 (2023年款旗舰版)	
上市时间	2022年8月
级别	紧凑型轿车
车身结构	4门5座三厢车
驱动方式	前置前驱
发动机	2.0L 143马力 L4
变速箱	E-CVT 无级变速
长×宽×高(毫米)	4674×1802×1420
轴距	2735毫米
整备质量	1501千克
最高车速	180公里/时
0~100公里/时加速	7.5秒

本田的灵魂车型，它证明了即使低价的汽车也可以有精良的设计。无论是1972年第一代车型以CVCC发动机率先突破《马斯基法案》的限制，还是1995年搭载B16B发动机的第六代车型横空出世，或是2015年"最快前驱车"思域Type R在纽北一骑绝尘，思域始终走在时代前列。

思域第十一代车型整体风格明快简洁，狭长的大灯与黑色格栅相连，使前脸的视觉效果更舒展。侧面从前翼子板至尾灯一气呵成，腰线下调带来低重心视觉感的同时，也使乘员视野更开阔通透。双"L"形组合尾灯，点亮后辨识度十足。内饰方面，独创的贯穿式金属网格空调出风口简约实用，10.2英寸全液晶仪表营造出较强的科技感，物理旋钮的阻尼感恰到好处。

第 2 章 轿 车

本田思域第十一代车型（2023 年款）

车标为红色的本田思域 Type R

本田雅阁

本田雅阁（Honda Accord）是日本本田汽车公司在1976年推出的前置前驱轿车，并分别于1981年（第二代）、1985年（第三代）、1989年（第四代）、1993年（第五代）、1998年（第六代）、2002年（第七代）、2007年（第八代）、2012年（第九代）、2017年（第十代）推出了换代车型。

基本参数 (2022年款旗舰版)	
上市时间	2021年10月
级别	中型轿车
车身结构	4门5座三厢车
驱动方式	前置前驱
发动机	2.0L 146马力 L4
变速箱	E-CVT 无级变速
长×宽×高(毫米)	4908×1862×1449
轴距	2830毫米
整备质量	1609千克
最高车速	180公里/时
0~100公里/时加速	7.6秒

雅阁第一代车型是本田在20世纪70年代石油危机和废气排放标准大幅提高的背景下研发的具有创新意义的节能型轿车，该车以低油耗为设计初衷，并以宽敞的车内空间、优异的行驶性能和新奇的掀背式外形问世。第二代车型于1982年开始在美国市场销售，首年即成为美国市场最畅销的日本车款，纪录维持长达15年。1999年，已经发展到第六代车型的雅阁首次进入中国市场，由广汽本田汽车公司负责生产和销售。2022年6月，雅阁在中国市场的销量突破了300万辆。

第 2 章 轿　车

本田雅阁（第十代车型）侧前方视角

本田雅阁（第十代车型）内饰

本田飞度

本田飞度（Honda Fit）是日本本田汽车公司在2001年推出的前置前驱/四驱轿车，并分别于2007年（第二代）、2013年（第三代）、2020年（第四代）推出了换代车型。该车自第一代车型起便由广汽本田汽车公司引进到中国生产。作为本田全球战略车型之一，飞度自上市以来，已在全球累计销售近800万辆，成为名副其实的全球小型车市场的佼佼者。

基本参数 (2021年款旗舰版)	
上市时间	2020年8月
级别	小型轿车
车身结构	5门5座两厢车
驱动方式	前置前驱
发动机	1.5L 131马力 L4
变速箱	CVT 无级变速
长×宽×高(毫米)	4109×1694×1537
轴距	2530毫米
整备质量	1137千克
最高车速	190公里/时
0~100公里/时加速	10.6秒

飞度脱胎于本田的GSC（Global Small Car Platform）平台，也就是全球通用小型车平台。这一平台创造性地应用了对小型车研发极具影响力的MM理念空间布局，即"人乘坐的空间最大化（MAX），机器占用的空间最小化（MIN）"。飞度第一代车型上市之初就获得日本年度汽车特别奖，第二代车型更是火遍全球，前两代车型累计销量超过500万辆。第三代车型大量应用先进的FUNTEC技术（本田现有技术的总称），以其出色的运动性能深受年轻人喜爱。第四代车型在同级中首次搭载先进的"安全超感"系统，包含主动巡航控制系统、车道偏移抑制系统、车道保持辅助系统、碰撞缓解制动系统等。

第 2 章 轿 车

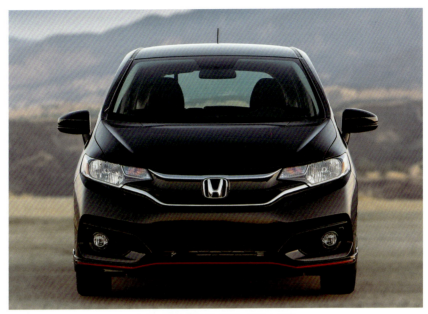

本田飞度（第四代车型）正前方视角

本田飞度（第四代车型）内饰

别克君威

别克君威（Buick Regal）是美国别克汽车公司在1973年推出的轿车，并分别于1978年（第二代）、1988年（第三代）、1997年（第四代）、2008年（第五代）、2018年（第六代）推出了换代车型。"君威"二字的含义是"君临天下，威震八方"。该车于2002年被引进中国市场，由上汽通用汽车公司负责生产和销售，2010年5月在中国市场的累计销量突破了10万辆。

基本参数 (2023年款旗舰版)	
上市时间	2022年9月
级别	中型轿车
车身结构	4门5座三厢车
驱动方式	前置前驱
发动机	2.0T 237马力 L4
变速箱	9挡手自一体
长×宽×高（毫米）	4913×1863×1462
轴距	2829毫米
整备质量	1530千克
最高车速	240公里/时
0~100公里/时加速	7.1秒

作为别克品牌比较成功的战略车型之一，君威凭借潮流、动感、科技的产品形象和全面的技术实力深受用户青睐。自诞生以来，该车先后采用了前置后驱（1973—1987年）、前置前驱（1988年至今）、前置四驱（2008—2020年）的动力布局。目前在售的第六代车型采用飞翼式镀铬进气格栅，由中线横向扩展，其上格栅的盾形与下格栅外扩的梯形造型相得益彰。全系标配全LED自动感应大灯，展翼型LED日间行车灯置于大灯底部，与格栅的飞翼式镀铬饰条以及采用全LED光源的双展翼型尾灯遥相呼应。展翼设计在座舱中也有展现，不仅从中控面板延展至两侧门板，使仪表与空调出风口有机结合，还以更具雕塑感的环绕风格让内饰更显立体。

第 2 章 轿 车

别克君威（第六代车型）侧前方视角

别克君威（第六代车型）内饰

别克君越

别克君越（Buick Lacrosse）是美国别克汽车公司于 2005 年推出的前置前驱 / 四驱轿车，并分别于 2010 年（第二代）、2017 年（第三代）推出了换代车型。"君"代表高品位、高档次的形象，"越"具有"突破、超越"的寓意。君越被定位于比别克君威更高档的中型轿车，主要竞争对手包括丰田凯美瑞、本田雅阁、日产天籁、奥迪 A4 等。该车在中国市场由上汽通用汽车公司负责生产和销售。

基本参数 (2022 年款旗舰版)	
上市时间	2021 年 10 月
级别	中型轿车
车身结构	4 门 5 座三厢车
驱动方式	前置前驱
发动机	2.0T 237 马力 L4
变速箱	9 挡手自一体
长 × 宽 × 高 (毫米)	5030×1866×1467
轴距	2905 毫米
整备质量	1640 千克
最高车速	235 公里 / 时
0~100 公里 / 时加速	7.2 秒

君越采用别克家族式设计造型，拥有流畅优雅的车身线条和极富动感的车身比例。展翼型全 LED 自动感应大灯采用先进的光幕技术，营造出均匀亮丽的光幕照射效果。长度超过 5 米的车身，配合超过 2.9 米的轴距，提供了宽敞的驾乘空间。车内共有 29 处储物空间，方便收纳常用设备和手提包等物品。该车在美国市场和中国市场采用不同的动力配置，以满足用户的多元需求。安全配置方面，君越配备了高清流媒体内后视镜，并提供行人识别、车道保持、自适应巡航、碰撞缓解等十余项智能驾驶辅助配置。该车配备的主动式发动机弹起罩盖，可通过压力传感器识别与行人发生的碰撞，采取主动措施，减小行人头部可能受到的伤害。

标致 508L

标致 508L（Peugeot 508L）是标致 508 的中国市场衍生车型，后者是法国标致汽车公司在 2010 年推出的前置前驱/四驱轿车，并于 2018 年（第二代）推出了换代车型。凭借优雅中蕴含力量的设计风格，标致 508 曾获得有"汽车设计界的奥斯卡"之称的德国红点设计大奖。

标致 508L 与欧洲版的外观造型差异不大，主要变化是轴距、车身长度和高度有所增加，而车身宽度略微缩短。标致 508L 外形大气，车身线条饱满、流畅，前脸尖锐的前大灯、宽泛的进气格栅等设计风格使其非常具有现代感。该车的仪表板风格简洁，与外部设计达到了高度统一，精选的用料搭配精湛的工艺，使标致 508L 的整体内饰考究且耐用，富有极强的科技感。标致 508L 注重三重安全防护体系，即预防安全、主动安全、被动安全，特别是被动安全方面，标致 508L 采用了顶级钢板材质，最高强度可达 1600 兆帕。

基本参数（2022年款旗舰版）	
上市时间	2021 年 8 月
级别	中型轿车
车身结构	4 门 5 座三厢车
驱动方式	前置前驱
发动机	1.8T 211 马力 L4
变速箱	8 挡手自一体
长×宽×高（毫米）	4870×1855×1455
轴距	2848 毫米
整备质量	1533 千克
最高车速	230 公里/时
0~100 公里/时加速	7.2 秒

BMC Mini

BMC Mini 是英国汽车公司（BMC）在1959—1967年生产的轿车。在1999年的法兰克福车展上，全球汽车选举基金会公布了"世纪之车"评选的五强名单，BMC Mini 名列第二。

与福特T型一样，BMC Mini 能进入五强并排名第二的原因也在于它让更多普通家庭能够买得起汽车。由于第二次中东战争在1956年爆发，欧洲重要的石油进口通道苏伊士运河被切断，英国出现了石油短缺。

基本参数 (1959年款)	
上市时间	1959年1月
级别	小型轿车
车身结构	3门4座两厢车
驱动方式	前置前驱
发动机	1.3L 77马力 L4
变速箱	4挡自动
长×宽×高(毫米)	3000×1410×1350
轴距	2040毫米
整备质量	585千克
最高车速	116公里/时
0~100公里/时加速	27.1秒

因此英国汽车公司着手研发一种廉价、省油、小巧但能乘坐4名成年人的车型，其结果造就了BMC Mini。该车的独特之处：一是巧妙地将变速箱与横置发动机的相对位置安排妥当，并采用前轮驱动，以便合理地利用空间，缩小车体尺寸；二是采用小得不能再小的10英寸车轮以及带橡胶材料的四轮独立悬架系统，缩小了部件的体积。该车一上市便在车坛掀起了层层波澜，并开始了它半个多世纪的风靡旅程。

> **小知识：**
> 在被评选为"世纪之车"时，Mini 几经辗转，来到了宝马集团旗下。在宝马集团的主导下，其品牌名称BMC被改为MINI，定位更高端、更运动，从此不再与最初的省油、廉价有所关联。

第 2 章　轿　车

比亚迪汉

比亚迪汉（BYD Han）是中国比亚迪汽车公司在 2020 年推出的纯电动 / 插电式混合动力轿车，分为汉 EV（纯电动）、汉 EV 千山翠限量版、汉 EV 创世版、汉 DM-i（插电式混合动力，主打效能）、汉 DM-p（插电式混合动力，主打性能）等车型。2022 年 4 月，比亚迪汉家族累计销量突破 20 万辆，成为首款达成"售价 20 万 +、销量 20 万 +"的中国品牌轿车。

基本参数 (2022 年款汉 EV 千山翠限量版)	
上市时间	2022 年 4 月
级别	中大型轿车
车身结构	4 门 5 座三厢车
驱动方式	双电动机四驱
电动机	517 马力永磁同步
变速箱	1 挡固定齿比
长 × 宽 × 高（毫米）	4995×1910×1495
轴距	2920 毫米
整备质量	2250 千克
最高车速	185 公里 / 时
0~100 公里 / 时加速	3.9 秒

比亚迪汉采用新型磷酸铁锂刀片电池，放电倍率大幅提升，寿命为 8 年 120 万公里，同时成本节约 30%，电池体积能量密度提升 50%。刀片电池空间利用率约 60%，传统电池包空间利用率约 40%。刀片电池充电 10 分钟可续航 135 公里，由 30% 电量快速充电至 80% 需要 25 分钟。相较当前市面上的普通三元锂电池，刀片电池更加安全，在经过穿刺试验后的长时间内，电池温度正常，同时可持续输出电压。

大众甲壳虫

大众甲壳虫（1961年款）

大众甲壳虫（Volkswagen Beetle）是德国大众汽车公司在1938年推出的轿车，官方名称为大众1型（Volkswagen Type 1）。在最初的甲壳虫下线许多年以后，1998年，大众汽车公司推出了外形与原先非常相似的新甲壳虫（以大众高尔夫为平台），而甲壳虫则在大众墨西哥工厂和一些国家一直生产到2003年。甲壳虫的总产量超过2100万辆，其形象深入人心。在全球汽车选举基金会的"世纪之车"评选中，甲壳虫名列第四。甲壳虫获此殊荣的主要原因是它将汽车平民化，让汽车不再高不可攀。

基本参数 (1938年款)	
上市时间	1938年5月
级别	紧凑型轿车
车身结构	2门4座两厢车
驱动方式	后置后驱
发动机	1.0L 23马力 H4
变速箱	4挡手动
长×宽×高(毫米)	4079×1539×1501
轴距	2400毫米
整备质量	650千克
最高车速	105公里/时
0~100公里/时加速	60秒

甲壳虫采用现今少见的后置发动机、后轮驱动，可省去车底沉重的传动轴，可以空出车头较大的空间作行李箱。不过，这种设计也导致发生事故时少了发动机作缓冲，大大增加司机和前座乘客的伤亡。发动机为气冷式设计，其散热效率虽然不如水冷式设计，但在冬天不必担心水箱结冰。甲壳虫的底盘为密封式，掉入水里也不会马上下沉。

第2章 轿 车

> **小知识：**
> 1939年，大众1型参加柏林汽车博览会，美国《时代》周刊记者讥讽它是"Beetle"（甲壳虫），这个名称很快被公众所接受。但直到1967年8月，大众汽车公司才正式在市场上使用这个名字。

20世纪60年代中期的大众甲壳虫

与大众甲壳虫外形相似的大众新甲壳虫

大众帕萨特

大众帕萨特（Volkswagen Passat）是德国大众汽车公司在1973年推出的前置前驱/四驱轿车，并分别于1981年（第二代）、1988年（第三代）、1993年（第四代）、1996年（第五代）、2005年（第六代）、2010年（第七代）、2014年（第八代）推出了换代车型。该车于2000年被引进中国市场，由上汽大众汽车公司负责生产和销售。

帕萨特一直是大众汽车公司的重要车型之一，在整体设计、动力性能、安全概念、舒适性以及耐用性等方面均表现不俗。该车在世界各国均有较好的口碑，曾获得"欧洲最好汽车""英国最佳家庭汽车""葡萄牙最佳汽车""日本最佳进口车型""加拿大最佳家庭汽车"等荣誉。目前在售的第八代车型采用全新研发的车身结构，超高强度钢比例达到84%。系统配置比较丰富，有平视显示系统、驶出车位辅助系统、全景影像系统、智能泊车辅助系统、自适应巡航系统、交通拥堵辅助系统、车道保持系统、前方保护系统（带行人识别功能）、预防式乘员保护系统等，并具备盲区监测、智能疲劳检测功能。

基本参数 (2023年款旗舰版)	
上市时间	2022年9月
级别	中型轿车
车身结构	4门5座三厢车
驱动方式	前置前驱
发动机	2.0T 220马力 L4
变速箱	7挡湿式双离合
长×宽×高（毫米）	4948×1836×1469
轴距	2871毫米
整备质量	1620千克
最高车速	210公里/时
0~100公里/时加速	7.4秒

第 2 章 轿 车

大众帕萨特（第八代车型）侧后方视角

大众帕萨特（第八代车型）内饰

大众高尔夫

大众高尔夫（Volkswagen Golf）是德国大众汽车公司在 1974 年推出的轿车，并分别于 1983 年（第二代）、1991 年（第三代）、1997 年（第四代）、2003 年（第五代）、2008 年（第六代）、2012 年（第七代）、2019 年（第八代）推出了换代车型。高尔夫的名称源自德语 Golfstrom，意即湾流，与高尔夫球（高尔夫）运动无关。高尔夫在不同市场有着不同的名称，如在美国和加拿大名为"兔子"，在墨西哥则称为"加勒比"。高尔夫于 2004 年被引进中国市场，由一汽大众汽车公司负责生产和销售。

基本参数 (2021 年款旗舰版)	
上市时间	2021 年 9 月
级别	紧凑型轿车
车身结构	5 门 5 座两厢车
驱动方式	前置前驱
发动机	2.0T 220 马力 L4
变速箱	7 挡湿式双离合
长 × 宽 × 高（毫米）	4296×1788×1471
轴距	2631 毫米
整备质量	1477 千克
最高车速	230 公里 / 时
0~100 公里 / 时加速	7.1 秒

高尔夫是大众旗下的畅销车型，在全球拥有超过 2600 万用户。自诞生以来，高尔夫先后出现过 3 门掀背车、5 门掀背车、5 门旅行车、2 门敞篷车等车体。从第一代车型开始，每一代高尔夫都会推出高性能版本，称为高尔夫 GTI，起先这是一款限量车，从第二代车型起变为量产车。丰富的车体风格满足了不同用户从入门代步车到高性能车的多种需求。

大众 Polo

大众 Polo（Volkswagen Polo）是德国大众汽车公司在 1975 年推出的轿车，并分别于 1981 年（第二代）、1994 年（第三代）、2002 年（第四代）、2009 年（第五代）、2017 年（第六代）推出了换代车型。该车曾长期位居德国经济型小型车销量榜首，并被视为经济型小型车可靠性、舒适性和安全性的标杆。2002 年，大众 Polo 被引进中国市场，由上汽大众汽车公司负责生产和销售。

基本参数（2023 年款旗舰版）	
上市时间	2022 年 10 月
级别	小型轿车
车身结构	5 门 5 座两厢车
驱动方式	前置前驱
发动机	1.5L 113 马力 L4
变速箱	6 挡手自一体
长 × 宽 × 高（毫米）	4053×1740×1449
轴距	2564 毫米
整备质量	1190 千克
最高车速	185 公里 / 时
0~100 公里 / 时加速	13 秒

大众 Polo 第一代车型其实是奥迪 50 的简装版本，车身设计沿用同期的大众高尔夫，仅有 2 门版本。第二代车型的外形做了一些修改，后部车身线条被设计得更加简洁动感，后备厢更加陡直，这样的设计目的在于增大内部空间，提高整车的实用性。第二代车型后期换上的方形车头灯一直沿用至第三代车型。从第三代车型起，大众 Polo 除了 2 门版本之外，还有 4 门版本。第四代车型前期头灯采用四圆设计，后期则改成水滴形状。第五代车型全新设计的前脸、平直的腰线和低矮的底盘都显示出不同以往的造型理念。第六代车型基于大众 MQB A0 平台打造，车身尺寸和轴距都比上一代车型更大。

大众辉腾

大众辉腾（Volkswagen Phaeton）是德国大众汽车公司在2002年推出的前置后驱/四驱豪华轿车，并分别于2007年（GP1）、2009年（GP2）、2011年（GP3）、2014年（GP4）推出了改款车型。辉腾是由时任大众集团董事长费迪南德·皮耶希一手策划的，他希望大众品牌能有一款可与梅赛德斯-奔驰S级和宝马7系竞争的高端豪华车型，同时也为大众树立一个全新的品牌形象。不过，辉腾的销量远低于预期，最终于2016年停产。

基本参数 (2012年款旗舰版)	
上市时间	2012年4月
级别	大型轿车
车身结构	4门4座三厢车
驱动方式	前置四驱
发动机	6.0L 450马力 W12
变速箱	5挡手自一体
长×宽×高(毫米)	5179×1903×1450
轴距	3001毫米
整备质量	2383千克
最高车速	250公里/时
0~100公里/时加速	6.1秒

辉腾是在德国的德累斯顿透明工厂中由工人手工制造的，其外形比较保守，前后造型和大众帕萨特一脉相承，共用了很多设计元素，与大众其他车型也有很多相似之处。辉腾采用带可调减震的空气悬架系统，这种悬架系统不仅对行驶稳定性有着积极的作用，还可以在高速行驶时定量降低车身高度，这样既节省了燃油消耗，又可以降低翻车的风险。

大众辉昂

大众辉昂（Volkswagen Phideon）是德国大众汽车公司在 2016 年推出的前置前驱 / 四驱轿车，主要由上汽大众汽车公司在中国市场生产和销售。

大众辉昂在外形设计上沿用了此前大众 C Coupe 概念车的设计思路，采用大众家族式的车头设计，前格栅与 LED 前大灯融为一体，并且向车身侧面延伸。侧面腰线贯穿整个车身，并且延伸至尾灯上方。

基本参数 (2021 年款旗舰版)	
上市时间	2020 年 11 月
级别	中大型轿车
车身结构	4 门 5 座三厢车
驱动方式	前置四驱
发动机	2.0T 224 马力 L4
变速箱	7 挡湿式双离合
长 × 宽 × 高 (毫米)	5074×1893×1463
轴距	3009 毫米
整备质量	1900 千克
最高车速	240 公里 / 时
0~100 公里 / 时加速	8.1 秒

尾灯设计也颇具看点，采用双层设计，下层尾灯向内收缩，形成错落感。排气方面采用了双边双出四排气的风格，更能营造出运动氛围。内饰方面，依旧是标准的大众风格，但在配置方面有比较突出的表现，采用了夜视系统以及抬头显示等科技配备，而且也配备了电动调节后排座椅，可实现独立的通风 / 加热功能。大众辉昂标配全时四驱系统，并提供空气悬架系统，有五种驾驶模式可供选择。

福特 T 型

福特 T 型（Ford Model T）是美国福特汽车公司在 1908 年推出的经济型轿车。该车以其低廉的价格使汽车作为一种实用工具走入了寻常百姓之家，使 1908 年成为工业史上具有重要意义的一年，美国自此成为"车轮上的国度"。在 1999 年全球汽车选举基金会的"世纪之车"评选中，福特 T 型名列第一。

福特 T 型获得"世纪之车"称号的主要原因是其首先引入了流水线与标准化生产，使福特汽车公司从 1908 年的一个月只能生产 10 辆福特 T 型汽车，提升至 1914 年的每 93 分钟就能下线一辆福特 T 型汽车，从而将汽车的售价由 2000~3000 美元一辆降至 850 美元一辆。到 1920 年时，福特 T 型的售价已经降到 300 美元一辆，让汽车真正开始进入普通家庭中。到 1927 年停产时，福特 T 型的累计销量超过 1500 万辆。直到 1972 年，这个纪录才被大众甲壳虫打破。

基本参数 (1912 年款)	
上市时间	1912 年 1 月
级别	小型轿车
车身结构	3 门旅行车
驱动方式	前置后驱
发动机	2.9L 20 马力 L4
变速箱	2 挡行星齿轮
长×宽×高(毫米)	3404×1676×1860
轴距	2540 毫米
整备质量	750 千克
最高车速	72 公里/时
0~100 公里/时加速	65 秒

福特蒙迪欧

福特蒙迪欧（Ford Mondeo）是美国福特汽车公司在 1993 年推出的轿车，并分别于 2000 年（第二代）、2006 年（第三代）、2012 年（第四代）、2022 年（第五代）推出了换代车型。该车于 2004 年被引进中国市场，由长安福特汽车公司负责生产和销售。

蒙迪欧第一代车型的研发费用高达 60 亿美元，创下了福特汽车设计成本投入的新高。1993 年，蒙迪欧获选"欧洲年度风云车"。第二代车型的外形、内饰以及空间都进行了优化。第三代车型具有福特家族成员的鲜明特征，与福特银河和福特 S-MAX 使用相同的平台打造。这一代车型搭载了 HMI 人机交互系统，实现了人与车之间的对话功能。第四代车型源自阿斯顿·马丁的设计元素，吸引了众多关注，这一元素也成了福特全新的家族特征，并延续至其他车型。第五代车型采用福特全新的"势能美学"设计语言，八边形前格栅尺寸更大，并与两侧细长的前大灯组相融合。车顶弧线顺滑流畅，并且将 A 柱、B 柱、C 柱及车顶进行黑色涂装，创造出更加时尚的双色车身。

基本参数 (2023 年款旗舰版)	
上市时间	2022 年 11 月
级别	中型轿车
车身结构	4 门 5 座三厢车
驱动方式	前置前驱
发动机	2.0T 238 马力 L4
变速箱	8 挡手自一体
长×宽×高(毫米)	4935×1875×1500
轴距	2945 毫米
整备质量	1604 千克
最高车速	220 公里 / 时
0~100 公里 / 时加速	6.5 秒

世界汽车鉴赏（珍藏版）

福特福克斯

福特福克斯（Ford Focus）是美国福特汽车公司在1998年推出的轿车，并分别于2004年（第二代）、2010年（第三代）、2019年（第四代）推出了换代车型。该车作为福特旗下最畅销的紧凑型轿车，以其良好的底盘和操控性，提升了福特在全球市场的品牌地位。2005年，该车被引进中国市场，由长安福特汽车公司负责生产和销售。

基本参数（2022年款旗舰版）	
上市时间	2022年6月
级别	紧凑型轿车
车身结构	5门5座两厢车
驱动方式	前置前驱
发动机	1.5T 177马力 L4
变速箱	6挡手自一体
长×宽×高（毫米）	4404×1824×1453
轴距	2705毫米
整备质量	1417千克
最高车速	220公里/时
0~100公里/时加速	8.9秒

福特福克斯第一代车型即采用了福特后来引以为傲的后悬架系统（Control Blade），这与当时乃至现在中小型轿车普遍采用的扭转梁式半独立悬架有着很大的区别，除了在形式上它是完全独立的以外，多连杆、防倾杆和纵向拖臂的配合也使后轮的运动轨迹更加精准，赋予福特福克斯出色的高速行驶稳定性能和驾驶操控性能。第二代车型基于福特C1平台打造，使其轴距达到了2640毫米，同时它还拥有同级别车型中相对较宽的车身，保障了乘坐空间。第三代车型将前脸改为类似英国豪华轿车阿斯顿·马丁的设计，并采用了3缸发动机，销量逐渐开始下滑。第四代车型采用福特最新的家族式设计理念，整体外形与以往车型有较大不同，同时重新采用了4缸发动机。

第 2 章 轿 车

> **小知识：**
> 在全球市场还未开始追逐两厢运动轿车的 20 世纪 90 年代，只有大众高尔夫一家独大，福特福克斯的横空出世，打破了这一局面。福特福克斯采用了先进的底盘结构以及运动化的底盘调校，在欧洲创下了许多家用车的销售神话。

福特福克斯（第四代车型）侧前方视角

福特福克斯（第四代车型）内饰

丰田卡罗拉

  丰田卡罗拉（Toyota Corolla）是日本丰田汽车公司在1966年推出的轿车，并分别于1970年（第二代）、1974年（第三代）、1979年（第四代）、1983年（第五代）、1987年（第六代）、1991年（第七代）、1995年（第八代）、2000年（第九代）、2006年（第十代）、2012年（第十一代）、2018年（第十二代）推出了换代车型。该车于2004年被引进中国市场，由一汽丰田汽车公司负责生产和销售。

基本参数 (2022年款旗舰版)	
上市时间	2021年10月
级别	紧凑型轿车
车身结构	4门5座三厢车
驱动方式	前置前驱
发动机	1.8L 98马力 L4
变速箱	E-CVT 无级变速
长×宽×高(毫米)	4635×1780×1455
轴距	2700毫米
整备质量	1410千克
最高车速	160公里/时
0~100公里/时加速	11.2秒

  卡罗拉刚刚上市时的口号是"市场最需要的汽车""把丰田技术的全部精华展现给世界"，它有许多技术是日本汽车行业首次采用，或者是世界范围内首次在家用轿车上使用。卡罗拉具有高性价比、高燃油经济性、低故障率等优点，大大降低了汽车的购买和使用成本，受到全球用户的青睐。卡罗拉从1997年起成为全球销量最高的车型，截至2022年12月全球累计销量已经超过5000万辆。在历代卡罗拉中，第九代车型是迄今为止销量最高的一代，也是世界上最畅销的汽车单一版本。

第 2 章 轿 车

丰田卡罗拉第一代车型

丰田卡罗拉第九代车型

丰田凯美瑞

丰田凯美瑞（Toyota Camry）是日本丰田汽车公司在1982年推出的前置前驱/四驱轿车，最初定位为紧凑型轿车，之后分别于1986年（V20）、1990年（V30）、1994年（V40）、1998年（V50）推出换代车型。1991年首次在北美市场推出宽体车型（XV10），定位为中型轿车，之后分别于1996年（XV20）、2001年（XV30）、2006年（XV40）、2011年（XV50）、2017年（XV70）推出换代车型。该车于2006年被引进中国市场，由广汽丰田汽车公司负责生产和销售。

基本参数 (2022年款旗舰版)	
上市时间	2022年6月
级别	中型轿车
车身结构	4门5座三厢车
驱动方式	前置前驱
发动机	2.5L 178马力 L4
变速箱	E-CVT 无级变速
长×宽×高(毫米)	4885×1840×1455
轴距	2825毫米
整备质量	1695千克
最高车速	180公里/时
0~100公里/时加速	8.4秒

凯美瑞是丰田全球战略车型之一，研发目的是抢占比卡罗拉更高一层的消费市场，因此与卡罗拉相比有更气派的外观造型和车身尺寸，也因此获得更宽敞的乘坐空间。凯美瑞在全球主要市场都有销售，以北美洲、大洋洲和部分亚洲市场销售成绩最好，其在市场上的主要竞争对手为本田雅阁、日产天籁、马自达6、大众帕萨特等。截至2022年12月，凯美瑞的全球累计销量已经超过2000万辆。

丰田普锐斯

丰田普锐斯（Toyota Prius）是日本丰田汽车公司在 1997 年推出的前置前驱/四驱轿车，并分别于 2003 年（第二代）、2009 年（第三代）、2015 年（第四代）、2022 年（第五代）推出了换代车型。在 2005—2012 年期间，该车曾被引进中国市场，由一汽丰田汽车公司负责生产和销售。

基本参数（2023 年款旗舰版）	
上市时间	2022 年 11 月
级别	紧凑型轿车
车身结构	4 门 5 座三厢车
驱动方式	前置四驱
发动机	2.0L 223 马力 L4
变速箱	E-CVT 无级变速
长×宽×高(毫米)	4600×1780×1430
轴距	2750 毫米
整备质量	1550 千克
最高车速	180 公里/时
0~100 公里/时加速	6.7 秒

普锐斯是世界上第一款不插电汽油电机混合动力汽车，初期仅在日本市场销售，自 2000 年起开始外销至全世界 40 多个国家和地区，其中最大的市场是日本和北美。以单一国家市场而言，美国是普锐斯最大的市场，2009 年初累计销量就已超过 60 万辆。

第一代车型的动力系统是由一台 1.5 升直列 4 缸汽油发动机与一台永磁交流电动机组成，动力电池采用的是镍氢电池组。自此之后历代车型的动力系统都是在此基础上发展而来的。电磁组和电能控制元件的生产及研究成本非常高，普锐斯第一代车型的生产成本高达 32000 美元，但是售价仅为 16929 美元，也就是每辆车都是亏本出售。不过，丰田汽车公司也经由普锐斯积累了丰富的混合动力技术。

菲亚特 126P

　　菲亚特 126P（Fiat 126p）是菲亚特波兰工厂在 1973—2000 年期间生产的轿车。当时波兰为了在国内普及家用小轿车，引进了菲亚特 126 的相关技术，在获得生产许可后，开启了该车型在波兰的生产。为了与意大利本土制造的菲亚特 126 进行区分，波兰生产的产品被称作菲亚特 126P。

　　菲亚特 126P 具有结构简单、重量轻、坚实耐用、价格低廉的特点，最大特色是后置风冷式发动机，在现代轿车中除大众甲壳虫外，几乎没有后置发动机车型。菲亚特 126P 的出现为战后欧洲普及家用轿车，起到了不可估量的作用。据不完全统计，菲亚特 126P 的总产量达 380 万辆，而菲亚特 126 仅生产了 130 万辆。我国从 20 世纪 80 年代中期开始引进菲亚特 126P，它在北京被称作"小土豆"，在东北地区被称作"大头鞋"。

基本参数 (1973 年款)	
上市时间	1973 年 1 月
级别	小型轿车
车身结构	2 门 4 座两厢车
驱动方式	后置后驱
发动机	0.7L 26 马力 R2
变速箱	4 挡手动
长 × 宽 × 高 (毫米)	3054×1378×1302
轴距	1840 毫米
整备质量	619 千克
最高车速	105 公里 / 时
0~100 公里 / 时加速	46.5 秒

捷尼赛思 G80

捷尼赛思 G80（Genesis G80）是韩国捷尼赛思汽车公司在 2016 年推出的前置后驱/四驱轿车，并于 2020 年（第二代）推出了换代车型。

基本参数 (2023 年款旗舰版)	
上市时间	2022 年 4 月
级别	中大型轿车
车身结构	4 门 5 座三厢车
驱动方式	前置四驱
发动机	2.5T 304 马力 L4
变速箱	8 挡手自一体
长×宽×高(毫米)	4995×1925×1465
轴距	3010 毫米
整备质量	2010 千克
最高车速	240 公里/时
0~100 公里/时加速	7 秒

捷尼赛思 G80 庞大的五边形进气格栅和横向分体式大灯，让它的前脸整体辨识度很高。侧面来看，长车头的设计让它的外形看起来非常修长。该车使用流畅的溜背造型，线条从 C 柱一直延伸到后备厢盖上，体现出强烈的运动风格。腰线则采用贯穿式设计，直接从大灯延伸到尾灯。略微上翘的后备厢盖，营造出鸭尾的视觉效果。分体式尾灯的造型也承袭了大灯的设计。

内饰方面，色彩以深色为主，整体设计以横向线条为主。中控台上的 14.5 英寸中控屏令人印象深刻，仪表盘也使用了 12.3 英寸液晶屏。此外，该车内饰使用了大量实木和翻毛皮材质，提升了车内的豪华感受。身为现代集团的高端品牌，捷尼赛思 G80 采用了主动降噪系统、三区自动空调、驾驶员疲劳监测系统、盲点防碰撞辅助系统等多种高科技配备。

捷豹 XJ

捷豹 XJ（Jaguar XJ）是英国捷豹汽车公司在 1968 年推出的前置后驱 / 四驱豪华轿车，并分别于 1973 年（2 系列）、1979 年（3 系列）、1986 年（XJ40）、1994 年（X300）、1997 年（X308）、2003 年（X350）、2007 年（X358）、2010 年（X351）推出了改款车型。自诞生以来，捷豹 XJ 一直是捷豹的旗舰车型。目前的捷豹 XJ（X351）是英国皇室使用的豪华汽车之一，另外还有装甲版用于接送英国首相。捷豹汽车公司还针对中国市场推出了捷豹 XJL，主要变化是增加了轴距和车身长度。

基本参数 (2018 年款旗舰版)	
上市时间	2018 年 2 月
级别	大型轿车
车身结构	4 门 5 座三厢车
驱动方式	前置四驱
发动机	3.0T 340 马力 V6
变速箱	8 挡手自一体
长 × 宽 × 高 (毫米)	5265×1899×1460
轴距	3157 毫米
整备质量	1955 千克
最高车速	250 公里 / 时
0~100 公里 / 时加速	5.9 秒

捷豹 XJ（X351）的外形看起来充满肌肉感和运动感，其尾部造型设计独特，有效降低了视觉重心，在一定程度上提升了车辆的稳重感。该车的内饰做工出色，突出了驾乘舒适性。后排头部和腿部有充足的活动空间。大气的中控台设计展现出浓重的英式风格，虽然按键烦琐，却有较高的实用价值。座椅有真皮、软细纹真皮两种皮质。借助坚固的轻量化铝质车身，捷豹 XJ（X351）具有出色的操控性能。加之车辆上配备的各种预判系统和技术，捷豹 XJ（X351）能够针对不同路况及道路上的其他车辆迅速做出反应。

第 2 章 轿 车

捷豹 XJ（X351）侧后方视角

捷豹 XJ（X351）内饰

捷豹 XFL

捷豹 XFL（Jaguar XFL）是捷豹 XF 的中国市场衍生车型，后者是英国捷豹汽车公司在 2007 年推出的前置后驱/四驱轿车，并于 2015 年（第二代）推出了换代车型。捷豹 XFL 由奇瑞捷豹路虎汽车公司生产和销售，在中国市场的主要竞争对手是奥迪 A6L、宝马 5 系、梅赛德斯-奔驰 E 级等。

基本参数 (2022 年款旗舰版)	
上市时间	2022 年 7 月
级别	中大型轿车
车身结构	4 门 5 座三厢车
驱动方式	前置四驱
发动机	2.0T 300 马力 L4
变速箱	8 挡手自一体
长 × 宽 × 高 (毫米)	5102×1880×1456
轴距	3100 毫米
整备质量	1915 千克
最高车速	250 公里/时
0~100 公里/时加速	6.4 秒

与欧洲版相比，捷豹 XFL 在外观造型和内饰设计上并没有太大的差异，主要变化是加长了轴距，车身长度和高度也有所增加。捷豹 XFL 拥有大气的前脸、流畅的车身线条，豹头徽标镶嵌在进气格栅中间。精致的进气格栅像是一件精美的艺术品，从正面看，格栅的每个小网格都呈规则的菱形；而从侧面看，格栅的排列倾斜成鱼鳞状。这种正面与侧面的视觉对比，是捷豹设计师从几何角度出发，经过反复测量而完成的。捷豹 XFL 的整个车身都采用计算流体力学设计，风阻系数仅为 0.29。符合空气动力学的设计可大大降低该车风噪声，减少辅助燃油消耗并增强高速驾驶时的稳定性，在通过优化牵引力和提升力确保驾驶平衡方面也非常重要。

捷豹 XEL

捷豹 XEL（Jaguar XEL）是捷豹 XE 的中国市场衍生车型，后者是英国捷豹汽车公司在 2015 年推出的前置后驱/四驱轿车。捷豹 XEL 由奇瑞捷豹路虎汽车公司生产和销售，在中国市场的主要竞争对手是奥迪 A4L、宝马 3 系、梅赛德斯 - 奔驰 C 级等。

基本参数 (2022 年款旗舰版)	
上市时间	2022 年 7 月
级别	中型轿车
车身结构	4 门 5 座三厢车
驱动方式	前置后驱
发动机	2.0T 250 马力 L4
变速箱	8 挡手自一体
长×宽×高 (毫米)	4778×1850×1429
轴距	2935 毫米
整备质量	1730 千克
最高车速	230 公里/时
0~100 公里/时加速	8.3 秒

与欧洲版相比，捷豹 XEL 在外观造型和内饰设计上并没有太大的差异，主要变化是加长了轴距，车身长度和高度也有所增加。捷豹 XEL 将捷豹标志性的优美弧线设计、充满自信的姿态、极具运动感的性能和最新的技术革新进行了结合。整个车头看起来和捷豹 XJ、捷豹 XFL 都很相似，包括大灯样式、传统的四边形格栅都给人一种熟悉的印象。同时其车身紧凑、动感，拥有相比一般三厢车更为流畅的车顶线条。该车的模块化车辆架构设计使其成为同级别车型中极少数使用高密度铝质单体壳式车身结构的车型，车身的 75% 都是由轻型铝材构成。

凯迪拉克 CTS

凯迪拉克 CTS（Cadillac CTS）是美国凯迪拉克汽车公司于 2002 年推出的前置后驱/四驱轿车，并分别于 2008 年（第二代）、2014 年（第三代）推出了换代车型，2019 年停产，后继车型为凯迪拉克 CT5。上汽通用汽车公司曾将凯迪拉克 CTS 第一代车型引进中国生产和销售，但没有继续生产换代车型。

基本参数 (2014 年款旗舰版)	
上市时间	2014 年 4 月
级别	中型轿车
车身结构	4 门 5 座三厢车
驱动方式	前置后驱
发动机	2.0T 276 马力 L4
变速箱	6 挡手自一体
长×宽×高（毫米）	4966×1834×1438
轴距	2910 毫米
整备质量	1689 千克
最高车速	215 公里/时
0~100 公里/时加速	6.6 秒

凯迪拉克 CTS 在美国素有"驾驶者之车"美誉。作为一款将动力性、操控性、舒适性充分结合的经典后驱轿车，凯迪拉克 CTS 体现了"艺术与科技"的充分融合。该车的外形设计极富美国风格，运用了凯迪拉克许多经典设计语言，楔形车身轮廓鲜明，线条硬朗，车头较短，拥有钻石般的质感，给人的整体感觉流畅、利落。内饰方面，泛着光泽的金属、触手可及的实木饰板、精致的珠宝式时尚钟表设计，共同营造出凯迪拉克 CTS 精致、豪华的座舱环境。

凯迪拉克 SLS 赛威

凯迪拉克 SLS 赛威（Cadillac SLS Seville）是凯迪拉克 STS 的中国市场衍生车型，后者是美国凯迪拉克汽车公司在 2004—2011 年生产的前置后驱/四驱轿车。凯迪拉克 SLS 赛威于 2013 年停产，后继车型为凯迪拉克 XTS。

基本参数 (2010 年款旗舰版)	
上市时间	2009 年 11 月
级别	中大型轿车
车身结构	4 门 5 座三厢车
驱动方式	前置后驱
发动机	3.6L 310 马力 V6
变速箱	6 挡手自一体
长×宽×高(毫米)	5120×1845×1505
轴距	3057 毫米
整备质量	1930 千克
最高车速	245 公里/时
0~100 公里/时加速	7.4 秒

与凯迪拉克 STS 相比，凯迪拉克 SLS 赛威的主要变化是加长了轴距，车身长度和高度也有所增加。在外观设计上，凯迪拉克 SLS 赛威没有进行较大的改动，主要是在进气格栅增加了镀铬装饰，并且增加了横向和纵向的隔栅密度。尾部也高度保留了凯迪拉克 STS 的设计风格，高位的宽幅刹车灯、小鸭尾扰流翼、四眼倒车雷达等细节都与凯迪拉克 STS 相同。凯迪拉克 SLS 赛威的后排空间要比凯迪拉克 STS 更大，满足了公务用车偏重后排乘客乘坐感受的要求。

凯迪拉克 ATS-L

凯迪拉克 ATS-L（Cadillac ATS-L）是凯迪拉克 ATS 的中国市场衍生车型，后者是美国凯迪拉克汽车公司在 2012 年推出的前置后驱／四驱轿车。该车于 2019 年停产，后继车型为凯迪拉克 CT4。

与凯迪拉克 ATS 相比，凯迪拉克 ATS-L 的主要变化是轴距加长，后排空间明显改善。凯迪拉克 ATS-L 的整体设计风格与凯迪拉克 ATS 保持一致，仅在细节上略有改动，如

基本参数 (2017 年款旗舰版)	
上市时间	2016 年 12 月
级别	中型轿车
车身结构	4 门 5 座三厢车
驱动方式	前置后驱
发动机	2.0T 279 马力 L4
变速箱	8 挡手自一体
长×宽×高（毫米）	4730×1824×1429
轴距	2860 毫米
整备质量	1600 千克
最高车速	240 公里／时
0~100 公里／时加速	6.2 秒

进气格栅更宽大，在进气格栅内部小格栅的点缀下，整体看起来非常立体，动感十足。工程师通过铝质发动机缸盖、镁质发动机支架、轻质化天然纤维车门内饰板的应用大大减轻了凯迪拉克 ATS-L 的总重量。后悬架系统大量采用钢质材料，但工程师加强了载重管理，采用了优化设计，成功减轻了重量，而且使凯迪拉克 ATS-L 车身前后的配重比接近 50 ∶ 50，确保了最佳的动态行驶性能和稳定性。

凯迪拉克 XTS-L

凯迪拉克 XTS-L（Cadillac XTS-L）是凯迪拉克 XTS 的中国市场衍生车型，后者是美国凯迪拉克汽车公司在 2012 年推出的前置前驱/四驱轿车。在美国工厂和加拿大工厂于 2019 年 10 月停产后，上汽通用汽车公司随即于 2020 年停产。

基本参数 (2018 年款旗舰版)	
上市时间	2017 年 11 月
级别	中大型轿车
车身结构	4 门 5 座三厢车
驱动方式	前置前驱
发动机	2.0T 269 马力 L4
变速箱	6 挡手自一体
长×宽×高（毫米）	5103×1852×1502
轴距	2837 毫米
整备质量	1840 千克
最高车速	218 公里/时
0~100 公里/时加速	8.1 秒

凯迪拉克 XTS 是凯迪拉克旗下的前置前驱车型，其量产车基本延续了概念车的设计风格，虽然硬朗的设计元素依然不少，但整体来看时尚、年轻了很多。车身多处采用了镀铬装饰条，并且采用了大尺寸的镀铬铝合金轮毂。凯迪拉克 XTS-L 的整体设计与凯迪拉克 XTS 一致，主要变化是加长了轴距，车身长度也有所增加。该车拥有多项领先科技，包括标配的电磁感应主动悬架系统以及一系列围绕驾驶安全的辅助科技。例如，侧向盲区雷达监测系统可以帮助驾驶者"看到"后视镜盲区中的车辆，避免盲目变道引起危险。倒车影像辅助系统可以将后方影像呈现在显示屏上，并且具有动态指示线功能，使每一次倒车都变得更加轻松。

凯迪拉克 CT6

凯迪拉克 CT6（Cadillac CT6）是美国凯迪拉克汽车公司在 2016 年推出的前置后驱 / 四驱轿车，在中国市场由上汽通用汽车公司负责生产和销售。

凯迪拉克 CT6 的外形借鉴了凯迪拉克 Elmiraj 概念车的一些设计理念，采用了更为扁宽、层次感较强的盾形格栅，前大灯造型极具攻击性，加之凯迪拉克经典的钻石切割设计元素的融入，使凯迪拉克 CT6 的前脸看上去非常动感。凯迪拉克

基本参数 (2022 年款旗舰版)	
上市时间	2021 年 11 月
级别	中大型轿车
车身结构	4 门 5 座三厢车
驱动方式	前置后驱
发动机	2.0T 237 马力 L4
变速箱	10 挡手自一体
长 × 宽 × 高（毫米）	5223×1879×1498
轴距	3109 毫米
整备质量	1755 千克
最高车速	230 公里 / 时
0~100 公里 / 时加速	7.47 秒

CT6 车身框架的 64% 都是由铝合金材料进行打造，相比纯钢的车身要减轻 99 千克的重量。凯迪拉克还在车底加入了密封设计的钢护板，从而提升车辆的静谧性。

凯迪拉克 CT6 配备 10.2 英寸 CUE（凯迪拉克推出的信息娱乐系统）人机交互屏幕，拥有分辨率 1028×720 高像素显示屏，而中央扶手上的控制台触摸板也可控制 CUE 各项功能。此外，凯迪拉克 CT6 还有无线手机充电、具有 Wi-Fi 热点的安吉星车载 4G LTE 系统。该车还使用了一套名为流媒体视频后视镜的技术，该后视镜采用了一个分辨率达到 1280×240 的 TFT-LCD 显示屏，外置后视摄像头对后方的情况进行拍摄并反馈到车内后视镜上，流媒体视频后视镜能够将后方可视范围提升 3 倍。

高性能版本凯迪拉克 CT6-V

凯迪拉克 CT6 内饰

克莱斯勒 300

克莱斯勒 300（Chrysler 300）是美国克莱斯勒汽车公司在 2004 年推出的前置后驱/四驱轿车，并于 2011 年（第二代）推出了换代车型。

克莱斯勒 300 的外形辨识度极高，前脸线条大胆前卫，七横幅设计的进气格栅以及克莱斯勒的巨大飞翼标志，兼具豪华感与运动感。其日间行车灯科技感十足，使整车倍添神采。该车采用 20 英寸铝合金轮毂，让车辆显得稳健扎实。该车

基本参数 (2023 年款旗舰版)	
上市时间	2022 年 9 月
级别	中大型轿车
车身结构	4 门 5 座三厢车
驱动方式	前置四驱
发动机	6.4L 485 马力 V8
变速箱	8 挡自动
长×宽×高(毫米)	5044×1908×1483
轴距	3053 毫米
整备质量	1849 千克
最高车速	257 公里/时
0~100 公里/时加速	4.3 秒

的外形设计不仅考虑美观性，还兼顾实用性，嵌合式发动机舱盖设计使得前脸造型更具整体感。游艇风格的尾部造型，微翘的整体式尾翼，在带来视觉美感的同时，还提升了空气动力学性能。

自第一辆克莱斯勒 300 诞生以来，强劲动力一直是克莱斯勒 300 系列的制胜利器。其首创的 HEMI V8 发动机，曾开创了一个全新的高性能动力时代。而在涡轮增压发动机大行其道的今天，克莱斯勒仍选择将自然吸气发动机的优势和潜能发挥到极致。

劳斯莱斯银魅

劳斯莱斯银魅（Rolls-Royce Silver Ghost）是英国劳斯莱斯汽车公司在1906年推出的轿车，1926年停产，总产量为7874辆。该车最初被称为40/50 HP，由劳斯莱斯位于英国曼彻斯特的工厂负责制造。1925年第一代劳斯莱斯幻影投产后，劳斯莱斯才正式将40/50 HP系列称为"银魅"。

1907年，注册号为AX201的银魅在苏格兰参加可靠性测试。这场测试长度为24000公里，其中包括在伦敦与格拉斯哥之间的27次往返。测试的目的就是提升企业的公众形象，并且显示其车型的高性能和安静性。这是一个非常冒险的想法，因为在当时，汽车是众所周知的不可靠，并且当时的道路环境非常恶劣，然而，AX201还是踏上了试验路程，并且搭乘记者参与测试，最终完成测试，打破纪录。更重要的是，汽车的保养费用仅为每周2.2英镑，通过此次测试，银魅和劳斯莱斯的声誉一举奠定。正是因为银魅，劳斯莱斯被称为世界上最好的汽车——这并不是劳斯莱斯自己的口号，而是1907年《汽车》杂志的说法。

基本参数(1906年款)	
上市时间	1906年5月
级别	中型轿车
车身结构	4门敞篷车
驱动方式	前置前驱
发动机	7.0L 49马力 L6
变速箱	3挡手动
长×宽×高(毫米)	4572×1715×2250
轴距	3442毫米
整备质量	1540千克
最高车速	110公里/时
0~100公里/时加速	不详

劳斯莱斯银魂

劳斯莱斯银魂（Rolls-Royce Silver Wraith）是英国劳斯莱斯汽车公司在1946年推出的豪华轿车，1958年停产，总产量为1883辆。

银魂是二战后劳斯莱斯汽车公司生产的第一款轿车，生产基地位于英格兰西北部小镇克鲁。第一种版本搭载4.3升直列6缸发动机，与宾利MK 6共用手动变速箱和机械伺服辅助制动系统。1951年，修改后的银魂搭载了4.6升直列6缸发动机，车身开始演变为更现代的风格，一直生产到1953年。此外，劳斯莱斯汽车公司还推出了加长轴距的银魂元首版，搭载4.9升直列6缸发动机，一直生产到1958年。

银魂采用的新技术包括发动机缸壁镀铬、独立前悬架、配有同步器的4挡手动变速箱以及底盘集中润滑系统。该车标准版的底盘轴距为3225.8毫米，与二战前的设计有很大不同，刚性更高。从1952年开始，银魂可以选装4挡自动变速箱。

基本参数 (1946年款)	
上市时间	1946年5月
级别	大型轿车
车身结构	4门5座三厢车
驱动方式	前置后驱
发动机	4.3L 30马力 L6
变速箱	4挡手动
长×宽×高(毫米)	5232×1854×1829
轴距	3226毫米
整备质量	1812千克
最高车速	137公里/时
0~100公里/时加速	25秒

劳斯莱斯银灵

劳斯莱斯银灵（Rolls-Royce Silver Spirit）是英国劳斯莱斯汽车公司在 1980 年推出的豪华轿车，先后有 Mark Ⅰ（1980—1989 年）、Mark Ⅱ（1989—1993 年）、Mark Ⅲ（1993—1995 年）、Mark Ⅳ（1995—1999 年）四种型号。此外，劳斯莱斯汽车公司还推出了加长轴距版本，称为银刺（Silver Spur）。

基本参数 (1995 年款)	
上市时间	1995 年 1 月
级别	大型轿车
车身结构	4 门 5 座三厢车
驱动方式	前置后驱
发动机	6.8L 512 马力 V8
变速箱	4 挡自动
长×宽×高（毫米）	5270×1890×1480
轴距	3060 毫米
整备质量	2430 千克
最高车速	214 公里/时
0~100 公里/时加速	9.7 秒

银灵首次应用的科技包括：车头可以伸缩的"欢庆女神"雕像。这个"小天使"由弹簧驱动，可以在不需要的时候收起，沉入下面发动机舱前部的散热器内。Mark Ⅰ 采用 6.75 升 V8 汽油发动机，底盘配备能自动保持车身水平的悬架系统与气压式避振器。Mark Ⅱ 采用电子控制避振器，能随时调整避振的软硬度。Mark Ⅲ 有新设计的发动机进气歧管与汽缸头，配备双安全气囊，自动调整避振装置的耐用性也经过改善。Mark Ⅳ 车头水箱护罩的高度降低了 5.1 厘米，欢庆女神雕像尺寸缩小了 20%，车头车尾保险杆和后视镜采用更符合空气动力学的设计。发动机有全新的电脑管理程序。

劳斯莱斯银天使

劳斯莱斯银天使（Rolls-Royce Silver Seraph）是英国劳斯莱斯汽车公司在1998年推出的豪华轿车，与宾利雅致是姊妹车型。2001年5月，银天使成为第一款在中国大陆上市的劳斯莱斯轿车。2002年，银天使停产。

银天使是劳斯莱斯最后一款纯英式风格的高级轿车，它率先在高级轿车领域使用了空气滤清系统、双桥减振器和碳纤维吸声系统，使银天使在驾乘感受方面优于银灵。优秀的空气滤清系统能保持车内一直弥漫着木材和皮革的特殊香味，不会带进汽油的刺鼻气味。双桥减振器和碳纤维吸声系统能减少85%的噪声和振动。

内饰方面，大块的真皮、光亮的镀铬开关、精细的裁缝手艺和考究的木工制品，营造出劳斯莱斯轿车特有的豪华氛围。2000年，银天使优化了后排乘坐舒适性，并取消了银色反光镜，在中控面板顶部搭载了可折叠的翻转屏幕。

基本参数 (1998年款)	
上市时间	1998年3月
级别	大型轿车
车身结构	4门5座三厢车
驱动方式	前置后驱
发动机	5.4L 330马力 V12
变速箱	5挡自动
长×宽×高(毫米)	5390×1930×1514
轴距	3117毫米
整备质量	2350千克
最高车速	225公里/时
0~100公里/时加速	7秒

劳斯莱斯古斯特

劳斯莱斯古斯特（Rolls-Royce Ghost）是英国劳斯莱斯汽车公司在 2009 年推出的豪华轿车，并于 2020 年（第二代）推出了换代车型。

与幻影相比，古斯特的设计更偏向休闲风格。进气格栅尺寸缩小不少，格栅叶片是固定的，由于采用了金属材质，所以视觉效果突出。该车内饰比较简洁，控制键的数量大幅减少，重要的功能键表面都采用镀铬装饰。该车采用经典的对开门设计，具有浓厚的复古气息。后车门的最大开角将近 90°，以便让乘客更优雅从容地上下车。劳斯莱斯还推出了古斯特的长轴版（轴距为 3465 毫米），可为后座乘客提供更大的腿部空间。

古斯特搭载 6.7 升 V12 双涡轮增压发动机，匹配采埃孚 8HP90 自动变速箱，最高速度达 250 公里/时，是劳斯莱斯迄今为止速度最快的量产车型。尽管定位低于幻影，但是古斯特的动力却占了上风。古斯特四轮的悬架都采用了先进的空气悬架，并且均为铝合金多连杆几何设计，减轻重量的同时提升了强度。

基本参数 (2022 年款标准轴距版)	
上市时间	2022 年 7 月
级别	大型轿车
车身结构	4 门 5 座三厢车
驱动方式	前置四驱
发动机	6.7T 600 马力 V12
变速箱	8 挡自动
长 × 宽 × 高（毫米）	5558×2148×1578
轴距	3295 毫米
整备质量	2599 千克
最高车速	250 公里/时
0~100 公里/时加速	4.8 秒

劳斯莱斯幻影

劳斯莱斯幻影（Rolls-Royce Phantom）是英国劳斯莱斯汽车公司在1925年推出的豪华轿车，并分别于1929年（第二代）、1936年（第三代）、1950年（第四代）、1959年（第五代）、1968年（第六代）、2003年（第七代）、2017年（第八代）推出了换代车型。

基本参数 (2018年款标准轴距版)	
上市时间	2018年7月
级别	大型轿车
车身结构	4门5座三厢车
驱动方式	前置后驱
发动机	6.7T 571马力 V12
变速箱	8挡自动
长×宽×高（毫米）	5770×2018×1648
轴距	3552毫米
整备质量	2700千克
最高车速	250公里/时
0~100公里/时加速	5.3秒

第一代车型搭载7.6升L6发动机，匹配3挡和4挡手动变速箱。第二代车型基于全新平台打造，动力配置不变，但升级了全新的横流式汽缸盖，匹配4挡手动变速箱。第三代车型搭载7.4升V12发动机，是银天使推出之前劳斯莱斯唯一使用V12发动机的车型。第四代车型搭载5.7升I8发动机，具备出色的低速行驶性能。第五代车型以同时期的主力车型劳斯莱斯银云为基础打造，搭载6.2升V8发动机。第六代车型前期（1968—1978年）搭载6.2升V8发动机和4挡自动变速箱，后期换装6.75升V8发动机和3挡自动变速箱。第七代车型是劳斯莱斯被宝马集团收购后推出的第一款产品，搭载专门为其设计的60°夹角6.7升V12发动机。第八代车型采用了全新的"奢华架构"研发平台，架构采用全铝材质设计，在车身更轻的情况下，刚性较上一代车型增强了30%，具有更好的驾乘体验。

第八代车型搭载 6.7 升 V12 双涡轮增压发动机，在保证 900 牛·米的惊人扭矩和 1700 转/分超低转数的同时，功率可达 585 马力。

劳斯莱斯幻影（第八代车型）侧前方视角

劳斯莱斯幻影（第八代车型）内饰

雷克萨斯 ES

雷克萨斯 ES（Lexus ES）是日本雷克萨斯汽车公司在 1989 年推出的前置前驱/四驱轿车，并分别于 1991 年（第二代）、1996 年（第三代）、2001 年（第四代）、2006 年（第五代）、2012 年（第六代）、2018 年（第七代）推出了换代车型。

雷克萨斯 ES 前五代车型是以丰田凯美瑞作为研发平台，第六代和第七代车型以尺寸更大的亚洲龙为基础设计。目前在售的第七代车型采用雷克萨斯全新家族式设计，锋锐动感的纺锤形进气格栅与醒目的"L"形 LED 日间行车灯共同勾勒出大气却不失动感的车头布局。车身侧面，干净流畅的腰线从车头延展至车尾。"L"形组合式尾灯和独特的排气管设计是车尾的点睛之笔，ES 250 和 ES 350 采用颇具动感的双排气管设计，ES 300H 的排气管则巧妙地隐藏在帷幕式后保险杠之下。

基本参数 (2022 年款旗舰版)	
上市时间	2022 年 8 月
级别	中大型轿车
车身结构	4 门 5 座三厢车
驱动方式	前置前驱/四驱
发动机	2.5L 178 马力 L4
变速箱	E-CVT 无级变速
长×宽×高（毫米）	4975×1866×1447
轴距	2870 毫米
整备质量	1710 千克
最高车速	180 公里/时
0~100 公里/时加速	8.9 秒

雷克萨斯 GS

雷克萨斯 GS（Lexus GS）是日本雷克萨斯汽车公司在 1993 年推出的前置后驱/四驱轿车，并分别于 1997 年（第二代）、2005 年（第三代）、2011 年（第四代）推出了换代车型。2020 年，雷克萨斯 GS 停产，欧洲市场由雷克萨斯 ES 间接取代。

雷克萨斯 GS 采用了雷克萨斯标志性设计元素——纺锤形进气格栅，具有突破性意义的纺锤形格栅自然流畅地整合了上下两部分，呈现出

基本参数 (2017 年款旗舰版)	
上市时间	2017 年 9 月
级别	中大型轿车
车身结构	4 门 5 座三厢车
驱动方式	前置后驱
发动机	2.0T 245 马力 L4
变速箱	8 挡手自一体
长×宽×高(毫米)	4880×1840×1455
轴距	2850 毫米
整备质量	1705 千克
最高车速	230 公里/时
0~100 公里/时加速	7.3 秒

动感与优雅兼具的独特魅力。通过在车架纵梁运用雷克萨斯首创的热压材料，并在车身大量运用高强度钢材和铝材，雷克萨斯 GS 实现了高强度的轻量化车身，在确保车身高刚性的同时，实现了车辆的低重量、低能耗。

雷克萨斯 GS 配备雷克萨斯独创的车辆动态综合管理系统。该系统能够整合汽车稳定控制系统、牵引力控制系统、电子制动力分配系统等多项安全系统，并结合了电子节气门控制系统，实现转向系统、制动系统和动力系统的最优协同控制。

世界汽车鉴赏（珍藏版）

雷克萨斯 LS

雷克萨斯 LS（Lexus LS）是日本雷克萨斯汽车公司在 1989 年推出的前置后驱/四驱轿车，并分别于 1994 年（第二代）、2000 年（第三代）、2006 年（第四代）、2017 年（第五代）推出了换代车型。

基本参数 (2021年款旗舰版)	
上市时间	2020 年 11 月
级别	大型轿车
车身结构	4 门 5 座三厢车
驱动方式	前置后驱
发动机	3.5L 299 马力 V6
变速箱	E-CVT 无级变速
长×宽×高（毫米）	5235×1900×1450
轴距	3125 毫米
整备质量	2285 千克
最高车速	250 公里/时
0~100 公里/时加速	5.4 秒

雷克萨斯 LS 前四代车型的外形设计较为成熟内敛，第五代车型则采用了雷克萨斯 LF-FC 概念车上很多年轻化的设计，纺锤形进气格栅具有独特的识别效果，错落交叉的格栅线条比较复杂，但又十分优雅。冷峻犀利的前大灯，加上造型霸气的前保险杠，视觉冲击力较强。得益于轻量化材料的运用，第五代车型的车身尺寸更大，重量却更轻。内饰方面，第五代车型取消了中控台实体键，配有 12.3 英寸液晶显示屏以及方向盘后方的数字仪表盘，科技感十足。值得一提的是，中控区的造型类似于古筝的琴弦，在木纹饰片的衬托下，颇有古风古韵。

第 2 章 轿 车

雷克萨斯 LS（第五代车型）侧前方视角

雷克萨斯 LS（第五代车型）内饰

林肯大陆

林肯大陆（Lincoln Continental）是美国林肯汽车公司在 1940 年推出的轿车，并分别于 1956 年（第二代）、1958 年（第三代）、1961 年（第四代）、1970 年（第五代）、1980 年（第六代）、1982 年（第七代）、1988 年（第八代）、1995 年（第九代）、2017 年（第十代）推出了换代车型。

第一代车型搭载 4.4 升 V12 发动机，后期版本的发动机排量增至 4.8 升。由于该车在设计上有欧洲大陆的风格，所以被命名为林肯大陆。第二代车型由纯手工打造而成，搭载 6 升 V8 发动机，售价一度超过了劳斯莱斯银云。由于 2 门大型豪华轿车市场有限，从第三代车型开始，林肯大陆进入了美式 4 门大型豪华轿车的行列。第四代车型采用 4 门对开设计，美国第 35 任总统约翰·肯尼迪遇刺时乘坐的就是摘掉了防弹车篷的第四代车型。第五代车型先后服务了福特、卡特和里根三位美国总统。第六代车型受石油危机和政策影响，尺寸、重量和发动机排量一起下降，并取消了敞篷版本。第七代车型在上一代车型刚刚上市两年的时候就出现了，与其说是换代不如说是精简与升级，因为林肯大陆从这一代开始只有 4 门硬顶版本了。第八代车型逐渐失去了林肯品牌旗舰的地位，成为只有 V6 发动机的前驱车。第九代车型重新采用 V8

基本参数 (2019 年款旗舰版)	
上市时间	2019 年 1 月
级别	中大型轿车
车身结构	4 门 5 座三厢车
驱动方式	前置四驱
发动机	3.0T 378 马力 V6
变速箱	6 挡手自一体
长×宽×高(毫米)	5115×1912×1491
轴距	2994 毫米
整备质量	2151 千克
最高车速	229 公里 / 时
0~100 公里 / 时加速	5.79 秒

发动机，但由于销量走低，2002年便正式停产。直到2016年秋季，第十代车型才正式亮相。

> **小知识：**
> 从第一代车型诞生起，林肯大陆就是美国上流社会热门的奢侈品之一。它曾经被著名建筑师弗兰克·劳埃德·赖特称为"世界上最美丽的汽车"。

林肯大陆（第一代车型）侧前方视角

林肯大陆（第十代车型）内饰

林肯 MKZ

林肯 MKZ（Lincoln MKZ）是美国林肯汽车公司在 2005 年推出的前置前驱 / 四驱轿车，并于 2013 年（第二代）推出了换代车型，2020 年停产。

林肯 MKZ 最初曾以林肯和风的名称销售，2007 年由于林肯汽车公司改变命名规则，像梅赛德斯 - 奔驰、雷克萨斯等品牌一样采用字母命名，因此改名。第一代车型采用流线造型，将轿跑姿态、灵动驾驭、潮流科技融为一体。第一代车型最初搭载 3 升 V6 发动机，2007 年改为 3.5 升 V6 发动机，2011 年又增加了搭载 2.5 升 L4 发动机的混合动力版本。

基本参数 (2020 年款旗舰版)	
上市时间	2019 年 12 月
级别	中型轿车
车身结构	4 门 5 座三厢车
驱动方式	前置四驱
发动机	3.0T 400 马力 V6
变速箱	6 挡手自一体
长×宽×高(毫米)	4925×1864×1477
轴距	2850 毫米
整备质量	1830 千克
最高车速	227 公里 / 时
0~100 公里 / 时加速	4.8 秒

第二代车型采用了与林肯大陆第十代车型相同的家族式设计，大面积镀铬网状格栅看上去颇为大气。动力方面，搭载 2 升 L4 发动机（有燃油版和混合动力版）和 3.7 升 V6 发动机（2017 年改为 3 升 V6 双涡轮增压发动机）。全系车型标配了胎压监测、倒车影像、后泊车雷达、上坡辅助等功能。高配车型还配备了自适应巡航系统、盲区监测系统、车道偏离警告系统、车道保持辅助系统等。

第 2 章 轿　车

林肯 MKZ（第二代车型）侧前方视角

林肯 MKZ（第二代车型）内饰

梅赛德斯－奔驰 C 级

梅赛德斯-奔驰 C 级（Mercedes-Benz C Class）是德国梅赛德斯-奔驰汽车公司在 1993 年推出的前置后驱/四驱轿车，并分别于 2000 年（第二代）、2007 年（第三代）、2014 年（第四代）、2021 年（第五代）推出了换代车型。它是梅赛德斯-奔驰最年轻的车系之一，同时也是梅赛德斯-奔驰最为畅销的车系。2008 年，北京奔驰汽车公司将梅赛德斯-奔驰 C 级引进中国生产和销售。

基本参数 (2023 年款旗舰版)	
上市时间	2022 年 9 月
级别	中型轿车
车身结构	4 门 5 座三厢车
驱动方式	前置四驱
发动机	1.5T 204 马力 L4
变速箱	9 挡手自一体
长×宽×高(毫米)	4882×1820×1461
轴距	2954 毫米
整备质量	1800 千克
最高车速	235 公里 / 时
0~100 公里 / 时加速	7.5 秒

第五代车型采用全新的家族式设计，外观造型酷似 S 级的缩小版。内饰方面，也采用了与 S 级相似的大尺寸 LCD 屏幕中控台，用以调节音响、空调、悬挂、导航等系统。动力方面，全线采用 4 缸发动机，搭配 48V 的 Mild Hybrid 系统，部分车型配备四轮转向系统，令汽车在低速转向时更加灵活。与欧洲版相比，中国版的主要变化是轴距和车身长度有所增加，并且发动机只有 1.5 升一种排量。

第 2 章 轿 车

梅赛德斯-奔驰 C 级(第五代车型)侧前方视角

梅赛德斯-奔驰 C 级(第五代车型)内饰

梅赛德斯-奔驰 E 级

梅赛德斯-奔驰 E 级（Mercedes-Benz E Class）是德国梅赛德斯-奔驰汽车公司在 1993 年推出的前置后驱/四驱轿车，并分别于 1995 年（第二代）、2002 年（第三代）、2009 年（第四代）、2016 年（第五代）推出了换代车型。2005 年，北京奔驰汽车公司将梅赛德斯-奔驰 E 级引进中国生产和销售。

从第一代车型的虎头样式，到第二代、第三代车型的圆灯四眼样式，

基本参数 (2023 年款旗舰版)	
上市时间	2022 年 9 月
级别	中大型轿车
车身结构	4 门 5 座三厢车
驱动方式	前置后驱
发动机	2.0T 258 马力 L4
变速箱	9 挡手自一体
长×宽×高(毫米)	5078×1860×1480
轴距	3079 毫米
整备质量	1800 千克
最高车速	240 公里/时
0~100 公里/时加速	6.9 秒

再到第四代车型的锐利四眼样式，直到现在用户所熟识的第五代车型样式，梅赛德斯-奔驰 E 级的每次换代都是彻底且大胆的。由于不断更换设计团队的原因，梅赛德斯-奔驰 E 级在设计元素的传承上并没有特别的标签化。第五代车型除了在整体外形上依然秉承修长优雅的风格之外，还在前后细节上加入了年轻化的元素。例如灯带造型更犀利的前大灯以及横向设计的尾灯，都比上一代车型更加运动活泼。在造型风格的策略上，第五代车型依然提供了两套不同的选择。普通版采用了双横幅格栅设计，底部为贯穿式。运动版则采用了单横幅镀铬饰条设计，且进气格栅还采用了更为精致动感的点阵式。与欧洲版相比，中国版的主要变化是轴距、车身长度和宽度有所增加，而车身高度略微降低。此外，中国版的发动机仅有 2 升排量一种。

第 2 章 轿 车

梅赛德斯 - 奔驰 E 级（第五代车型）侧面视角

梅赛德斯 - 奔驰 E 级（第五代车型）内饰

梅赛德斯-奔驰S级

梅赛德斯-奔驰S级（Mercedes-Benz S Class）是德国梅赛德斯-奔驰汽车公司在1972年推出的前置后驱/四驱轿车，并分别于1979年（第二代）、1991年（第三代）、1998年（第四代）、2005年（第五代）、2013年（第六代）、2020年（第七代）推出了换代车型。它是梅赛德斯-奔驰品牌的旗舰车型，梅赛德斯-奔驰许多先进的技术都是首先被应用于梅赛德斯-奔驰S级。

基本参数 (2023年款旗舰版)	
上市时间	2022年12月
级别	大型轿车
车身结构	4门5座三厢车
驱动方式	前置四驱
发动机	3.0T 435马力 L6
变速箱	9挡手自一体
长×宽×高(毫米)	5320×1921×1503
轴距	3216毫米
整备质量	2230千克
最高车速	250公里/时
0~100公里/时加速	5.5秒

梅赛德斯-奔驰S级第一代车型具有开创性意义，梅赛德斯-奔驰有史以来首次公开强调车辆安全高于造型设计，并将众多安全功能融入车辆整体设计，造就了家用车发展史上的多项新纪录。第二代车型也研发了许多安全功能，如引入现代安全气囊、安全带辅助约束系统等。第三代车型是梅赛德斯-奔驰成立以来研发耗资最大（1亿美元）的车款，引入了许多创新科技。第四代车型采用全新设计，配备了世界上第一个主动安全系统。第五代车型略微加大了车身尺寸，重新设计了内饰。第六代车型增强了驾驶的舒适感和安全性，同时也是梅赛德斯-奔驰第一个全车没有任何传统灯泡的车款。第七代车型是世界上第一个配备后座安全气囊的车款，该安全气囊使用环境空气，而不是汽车安全气囊系统中广泛使用的气体。

第 2 章 轿 车

梅赛德斯-奔驰 S 级（第七代车型）侧前方视角

梅赛德斯-奔驰 S 级（第七代车型）内饰

玛莎拉蒂总裁

玛莎拉蒂总裁（Maserati Quattroporte）是意大利玛莎拉蒂汽车公司在1963年推出的前置后驱/四驱轿车，并分别于1974年（第二代）、1979年（第三代）、1994年（第四代）、2003年（第五代）、2013年（第六代）推出了换代车型。

玛莎拉蒂总裁第一代车型搭载4.1升和4.7升两种排量的V8发动机，最高时速超过200公里，加上优雅的外形、舒适的驾乘体验，使其成为高性能4门豪华轿车领域的鼻祖。第二代车型的车身更加运动化，改用3升V6发动机。第三代车型由汽车设计大师乔盖托·乔治亚罗主持设计，搭载4.9升V8发动机。第四代车型出自跑车设计大师马塞罗·甘迪尼之手，搭载2.8升V6双涡轮增压发动机。第五代车型搭载4.2升和4.7升两种排量的V8发动机。第六代车型采用了全新的设计，车头设计极具运动气息，侧面线条则尽显优雅。由于采用了轻量化设计，整备质量小于上一代车型。变速箱拥有5种驾驶模式，分别为自动普通、自动运动、普通手动、运动手动、增强控制。

基本参数 (2022年款旗舰版)	
上市时间	2022年4月
级别	大型轿车
车身结构	4门5座三厢车
驱动方式	前置四驱
发动机	3.0T 430马力 V6
变速箱	8挡手自一体
长×宽×高（毫米）	5262×1948×1476
轴距	3171毫米
整备质量	2060千克
最高车速	288公里/时
0~100公里/时加速	4.8秒

第 2 章 轿 车

玛莎拉蒂总裁(第六代车型)侧前方视角

玛莎拉蒂总裁(第六代车型)内饰

玛莎拉蒂吉卜力

玛莎拉蒂吉卜力（Maserati Ghibli）是意大利玛莎拉蒂汽车公司研发的前置后驱/四驱轿车，1967—1973年生产第一代车型，1992—1998年生产第二代车型，2013年推出第三代车型。

吉卜力第一代车型有2门轿跑车和2门敞篷车两种车款，其外观造型由著名的意大利设计师乔治·亚罗操刀，圆滑平顺的车身以及鲨鱼式的前脸让人过目不忘。翘起的尾部不仅视觉效果颇佳，还充分考虑了空气动力学原理。第二代车型仅有2门轿跑车一种车款，整体造型方方正正。

基本参数 (2023年款旗舰版)	
上市时间	2022年10月
级别	中大型轿车
车身结构	4门5座三厢车
驱动方式	前置后驱
发动机	3.0T 350马力 V6
变速箱	8挡手自一体
长×宽×高（毫米）	4971×1945×1461
轴距	2998毫米
整备质量	1810千克
最高车速	267公里/时
0~100公里/时加速	5.5秒

吉卜力并不是一款充满延续性的车型，它只是在特定的历史阶段扮演不同的角色。与前两代车型不同，第三代车型化身4门轿车，采用玛莎拉蒂家族式设计，标志性的前进气格栅配合造型犀利的前大灯，视觉冲击力不逊于同时期的玛莎拉蒂总裁。从车身尺寸来看，吉卜力被许多人称为缩小版的总裁。第三代车型的中控台布局简洁，具有层次感，整体内饰氛围散发着典雅和豪华的气息。在中控台中央顶部，还镶嵌了经典的玛莎拉蒂时钟。该时钟采用蓝色表盘和铝材装饰，显得非常精致。

第2章 轿 车

玛莎拉蒂吉卜力（第一代车型）侧面视角

玛莎拉蒂吉卜力（第二代车型）侧前方视角

马自达 6

马自达 6（Mazda 6）是日本马自达汽车公司在 2002 年推出的前置前驱/四驱轿车，并分别于 2007 年（第二代）、2012 年（第三代）推出了换代车型。

马自达 6 是马自达汽车公司 21 世纪的最新产品，也是第一个完整体现全新马自达品牌的产品，于 2002 年 2 月在日本投产，2002 年 5 月投放国际市场。2003 年，马自达 6 进入中国市场，由中国一汽马自达

基本参数 (2021 年款旗舰版)	
上市时间	2021 年 3 月
级别	中型轿车
车身结构	4 门 5 座三厢车
驱动方式	前置前驱
发动机	2.5L 192 马力 L4
变速箱	6 挡手自一体
长×宽×高（毫米）	4870×1840×1451
轴距	2830 毫米
整备质量	1575 千克
最高车速	226 公里/时
0~100 公里/时加速	8.3 秒

汽车公司负责代工和销售。2006 年 2 月，经过 3 年零 9 个月，马自达 6 的全球累计销量达到 100 万辆，成为马自达汽车公司发展史上的里程碑。由于中国汽车市场的特殊性，造成该车"三代同堂"同时销售的状况。一汽马自达汽车公司将第一代车型称为马自达 6，第二代车型称为睿翼，第三代车型称为阿特兹。

马自达 6 第三代车型与前两代车型相比，最大的变化在前脸部分，前保险杠、镀铬飞翼式进气格栅均采用了马自达轿跑式设计并取消了车门防擦条。同时还采用了独立前雾灯组合的设计，轮毂也改为五粗五细十幅式设计，整体看起来更加时尚、更加动感。

讴歌 RLX

讴歌 RLX（Acura RLX）是日本讴歌汽车公司在 2012 年推出的前置前驱/四驱轿车，2020 年停产。

讴歌 RLX 采用五边形钻石进气格栅，中间有一个巨大的品牌标志。黑色前裙与雾灯区域两侧的镀铬装饰有效提升了整体质感。雾灯内部采用了 LED 光源，无论是视觉效果还是光照范围均有出色表现。车身侧面轮廓流畅自然。厚重的尾部则彰显其大气、商务的一面，不规则的尾箱盖勾勒出与前进气格栅相似的五边形钻石样式，起到了前后呼应的效果。讴歌 RLX 普通版本搭载 3.5 升 V6 汽油发动机，峰值扭矩为 369 牛·米。混合动力版本在普通版本的基础上增加了 3 台电动机，峰值扭矩为 609 牛·米。变速箱方面，普通版本早期采用 6 挡自动变速箱，后期改用 10 挡自动变速箱。混动版本则采用 7 挡湿式双离合变速箱。

基本参数 (2015 年款旗舰版)	
上市时间	2014 年 12 月
级别	中大型轿车
车身结构	4 门 5 座三厢车
驱动方式	前置四驱
发动机	3.5L 379 马力 V6
变速箱	7 挡湿式双离合
长×宽×高 (毫米)	4995×1890×1480
轴距	2850 毫米
整备质量	1975 千克
最高车速	160 公里 / 时
0~100 公里 / 时加速	6.7 秒

起亚 K9

起亚 K9（Kia K9）是韩国起亚汽车公司在 2012 年推出的前置后驱 / 四驱轿车，并于 2018 年（第二代）推出了换代车型。

起亚 K9 采用起亚家族式的虎啸式进气格栅，不同于其他 K 系列的是，作为更高级别的轿车，起亚 K9 的进气格栅内部采用了直瀑型的亮条以凸显车辆的豪华感。大灯造型在家族脸谱的架构下进行了重新设计，灯组内部结构更加复杂，而前保险杠上的雾灯和 LED 日间行驶灯结合为一体。尾部造型比较饱满，樱桃红色的尾灯拥有不错的辨识度。

基本参数 (2021 年款旗舰版)	
上市时间	2021 年 5 月
级别	中大型轿车
车身结构	4 门 5 座三厢车
驱动方式	前置四驱
发动机	5.0L 435 马力 V8
变速箱	8 挡手自一体
长×宽×高 (毫米)	5140×1915×1505
轴距	3105 毫米
整备质量	2166 千克
最高车速	240 公里 / 时
0~100 公里 / 时加速	4.9 秒

起亚 K9 强调乘坐者的私密性，没有设计天窗，车窗和后风挡配备了电动遮阳帘。长条形的车顶灯从前排一直拉通到后排，此外还有单独的阅读射灯。后排座位的头顶是折叠的化妆镜。后排座位虽然并不是两个独立式座椅，但从其沙发式的内凹靠背可以看出，基本没有考虑后排中部坐人的需求。后排中央的折叠扶手放倒后，除了储物格，还有强大的控制面板，能够对空调、音响，还有后排座椅的坐姿、加热、通风以及遮阳帘进行全方位的调节。

日产轩逸

日产轩逸（Nissan Sylphy）是日本日产汽车公司在 2000 年推出的轿车，并分别于 2005 年（第二代）、2012 年（第三代）、2019 年（第四代）推出了换代车型。该车于 2006 年进入中国市场，2018 年 12 月曾获得中国轿车市场销量榜单单月和全年双料冠军。截止到 2019 年，轩逸在中国市场累计销量超过 300 万辆。

基本参数 (2022 年款旗舰版)	
上市时间	2021 年 9 月
级别	紧凑型轿车
车身结构	4 门 5 座三厢车
驱动方式	前置前驱
发动机	1.6L 135 马力 L4
变速箱	CVT 无级变速
长 × 宽 × 高（毫米）	4641×1815×1447
轴距	2712 毫米
整备质量	1318 千克
最高车速	186 公里 / 时
0~100 公里 / 时加速	12 秒

轩逸第四代车型在 CMF 平台架构下，实现了多方位的升级，在外形、空间、配置、性能等方面均优于上一代车型。第四代车型采用日产最新的家族式设计，外观造型与日产天籁颇为相似。其轴距达到 2712 毫米，保证了良好的乘坐空间。座椅造型贴合人体结构，填充物十分柔软，并且适度提升了侧向包裹，提升乘坐感受，符合家庭用户的核心需求。后排地板中央凸起很小，且纵向长度较大，满载 5 人出行同样拥有不错的舒适性。

日产天籁

日产天籁（Nissan Teana）是日本日产汽车公司在2003年推出的前置前驱/四驱轿车，并分别于2008年（第二代）、2013年（第三代）推出了换代车型。天籁（Teana）的名字来源于美洲土语，意思是黎明。

基本参数 (2022年款旗舰版)	
上市时间	2022年9月
级别	中型轿车
车身结构	4门5座三厢车
驱动方式	前置前驱
发动机	2.0T 243马力 L4
变速箱	CVT无级变速
长×宽×高(毫米)	4906×1850×1447
轴距	2825毫米
整备质量	1590千克
最高车速	225公里/时
0~100公里/时加速	6.6秒

天籁最大的特点之一是具有现代生活品位的内饰，车内大面积采用木纹饰板。在仪表板、座椅和门扶手上则大量使用了小山羊皮。大尺寸仪表盘、弧形设计的座椅和后座之间的操控台也增加了豪华性。设计师中岛敬甚至认为，天籁正是从内饰着手，着力打造"现代生活"的理念。

天籁以舒适性和操控性见长，其中2.0T车型搭载可变压缩比涡轮增压发动机——VC-Turbo超变擎发动机。该发动机曾斩获2019年和2020年沃德全球十佳发动机以及2019年"中国心"十佳发动机的奖项。VC-Turbo超变擎可变压缩比技术，可实现发动机压缩比在8∶1（高性能）至14∶1（高效能）之间智能无级切换。低压缩比状态下可输出强劲动力，高压缩比状态下则可保持良好的燃油经济性。

日产天籁（第三代车型）正前方视角

日产天籁（第三代车型）内饰

特斯拉 Model 3

特斯拉 Model 3（Tesla Model 3）是美国特斯拉汽车公司在 2017 年推出的纯电动轿车，有单电动机后轮驱动、双电动机全轮驱动两种动力布局。

特斯拉 Model 3 的金属车身结构由铝合金和三种不同强度的钢材组成，车身较为坚固。在车顶撞击测试中，特斯拉 Model 3 即使配备全景玻璃天窗也能抵挡其车体质量 4 倍的撞击力。特斯拉 Model 3 推出时已经配备了多镜头与运行类神经网络的专用 GPU 等硬件，具有支持全自动无人驾驶的能力，未来可以透过网络选购人工智能程序来实现。

基本参数 (2022 年款旗舰版)	
上市时间	2021 年 12 月
级别	中型轿车
车身结构	4 门 5 座三厢车
驱动方式	双电动机四驱
电动机	186 马力感应异步+299 马力永磁同步
变速箱	1 挡固定齿比
长×宽×高(毫米)	4694×1850×1443
轴距	2875 毫米
整备质量	1836 千克
最高车速	261 公里/时
0~100 公里/时加速	3.3 秒

特斯拉 Model 3 标准版使用后轮驱动，系统配有一个电动机。性能版、长程版使用全轮驱动，系统配有两个独立电动机以提高效率。每个电动机只有一个活动组件，不仅能提升耐用度，还能减少车辆维修费用。与传统的全轮驱动系统不同，此系统以数位方式控制前后轮扭矩。

沃尔沃 S60

沃尔沃 S60（Volvo S60）是瑞典沃尔沃汽车公司在 2000 年推出的前置前驱/四驱轿车，并分别于 2010 年（第二代）、2019 年（第三代）推出了换代车型。

沃尔沃 S60 采用了双外形设计，分别是亮银色风格为主的豪华版和亮黑色风格为主的运动版，满足不同用户的个性化需求。第三代车型采用沃尔沃最新家族式设计，全LED 光源的"雷神之锤"前大灯，两侧雾灯区增加了镀铬装饰。内凹直瀑式进气格栅搭配悬浮品牌标志，再加上"八"字形前保险杠，极富运动气息。尾灯使用了全 LED 光源，造型也是家族化的设计，"维京战斧"尾灯具有较高的辨识度。内饰方面，多处采用环保材料，配合清洁驾驶舱技术，使车内空气更加清新。

基本参数 (2023 年款旗舰版)	
上市时间	2022 年 6 月
级别	紧凑型轿车
车身结构	4 门 5 座三厢车
驱动方式	前置前驱
发动机	2.0T 250 马力 L4
变速箱	8 挡手自一体
长×宽×高（毫米）	4778×1850×1437
轴距	2872 毫米
整备质量	1729 千克
最高车速	180 公里/时
0~100 公里/时加速	6.9 秒

沃尔沃 S60 燃油版本均装有一台 2 升 L4 涡轮增压发动机，分为 T3/T4/T5 三种调校。除了传统汽油动力车型外，还有两款搭载了混合动力的 T8 版本车型。各个车型标配 8 挡手自一体变速箱，兼顾平顺性与燃油经济性。

沃尔沃 S90

沃尔沃 S90（Volvo S90）是瑞典沃尔沃汽车公司在 2016 年推出的前置前驱 / 四驱轿车。

沃尔沃 S90 的前脸采用了辨识度较高的家族式设计，直瀑式进气格栅配合"雷神之锤"全智能 LED 大灯，科技感十足。简洁流畅的平直车身线条，显露出一种内敛之美。侧面线条笔直有力，凸显沃尔沃 S90 的硬朗格调。配合"C"字造型的北欧图腾式尾灯和充满立体雕塑感的车尾，让车辆的整体外形显得非常动感。内饰方面，沃尔沃 S90 采用规整的装饰代替了复杂的设计，给人一种整洁之美。

基本参数 (2023 年款旗舰版)	
上市时间	2022 年 7 月
级别	中大型轿车
车身结构	4 门 5 座三厢车
驱动方式	前置前驱
发动机	2.0T 250 马力 L4
变速箱	8 挡手自一体
长×宽×高（毫米）	5090×1879×1444
轴距	3061 毫米
整备质量	1824 千克
最高车速	180 公里 / 时
0~100 公里 / 时加速	7.2 秒

沃尔沃 S90 拥有对向车辆智能避让系统、车道保持辅助系统、道路偏离预防系统、盲点信息系统、领航辅助系统等安全科技配置。其中，对向车辆智能避让系统在车速 65~130 公里 / 时启动运行，根据车道标线以侦测邻近车道迎面而来的车辆，当对向来车越过车道线驶入本车所在车道，系统将发出警示，并在一定条件下主动刹车减速。而领航辅助系统能够在缓慢的拥堵路况下为驾驶员提供转向支持、车距保持和速度控制等辅助。

第 2 章 轿 车

沃尔沃 S90（2022 年款）侧后方视角

沃尔沃 S90（2022 年款）内饰

雪铁龙 DS

雪铁龙 DS 19

雪铁龙 DS（Citroen DS）是法国雪铁龙汽车公司在 1955 年推出的轿车，1975 年停产。在 1999 年全球汽车选举基金会的"世纪之车"评选中，雪铁龙 DS 名列第三。

与福特 T 型和 BMC Mini 因让更多家庭拥有汽车被评选为"世纪之车"不同，雪铁龙 DS 入选主要是因为其杰出的设计和先进技术的应用。法国文学家和结构主义大师罗兰·巴特，曾用"天降凡尘"来形

基本参数 (雪铁龙 DS 19)	
上市时间	1955 年
级别	中型轿车
车身结构	4 门 5 座三厢车
驱动方式	中置前驱
发动机	1.9L 75 马力 L4
变速箱	3 挡手动
长 × 宽 × 高 (毫米)	4826×1791×1464
轴距	3124 毫米
整备质量	1270 千克
最高车速	187 公里 / 时
0~100 公里 / 时加速	不详

容雪铁龙 DS 的诞生。1955 年，雪铁龙 DS 在巴黎车展亮相不到 15 分钟，订购数量便达到 743 辆，到车展结束时，订购数量达到了 8 万辆，这个纪录直到特斯拉 Model 3 的出现，才被打破。

雪铁龙 DS 最吸引人的部分无疑是外形，在保留优秀气动设计的同时，还具有即便放在现在都不过时的科幻感。这与雪铁龙 DS 由意大利雕塑家兼设计师弗拉门戈·贝托尼与法国航空工程师安德烈·勒费布尔联手打造有关。同时雪铁龙 DS 首次搭载了气液自适应悬架，在提升舒适性的同时，还能主动控制车身高度，从而提高通过性。雪铁龙 DS 凭借出色的整车性能，不仅驰骋公路，更在赛道上所向披靡。在 1959 年和 1966 年，雪铁龙

DS 在蒙特卡洛拉力赛中摘得桂冠,此后更在比利时巡回赛、马拉松公路赛、科西嘉巡回赛等赛事中大放异彩。

小知识:

雪铁龙 DS 的第一个型号是 DS 19。1968 年,DS 19 升级为 DS 20,之后又升级为 DS 21、DS 23。1975 年,雪铁龙 DS 被雪铁龙 CX 取代,至此"寿终正寝"。直到 2010 年,DS 才以雪铁龙旗下高端品牌的"身份"重回汽车市场。

雪铁龙 DS 20

雪铁龙 DS 21

雪铁龙 DS 23

雪佛兰迈锐宝

雪佛兰迈锐宝（Chevrolet Malibu）是美国雪佛兰汽车公司在1964年推出的轿车，并分别于1968年（第二代）、1973年（第三代）、1978年（第四代）、1997年（第五代）、2004年（第六代）、2008年（第七代）、2013年（第八代）、2016年（第九代）推出了换代车型。前四代车型采用前置后驱布局，之后改为前置前驱布局。

基本参数 (2018年款旗舰版)	
上市时间	2017年10月
级别	中型轿车
车身结构	4门5座三厢车
驱动方式	前置前驱
发动机	1.5T 170马力 L4
变速箱	6挡手自一体
长×宽×高(毫米)	4855×1854×1476
轴距	2737毫米
整备质量	1520千克
最高车速	205公里/时
0~100公里/时加速	10.2秒

迈锐宝第九代车型采用雪佛兰家族式的双格栅设计，格栅饰条为海浪形，时尚之余不失运动气息。LED大灯造型宛如海面上闪烁的点点繁星，与上格栅饰条一体化设计，更显精致。尾灯同样采用海浪元素设计，兼具力量感与美感。轮毂采用五辐叠浪式设计，搭配炫红标识，勾勒出年轻时尚的运动气息。迈锐宝的车身大比例应用高强度钢和超高强度钢，超高强度钢整体占比达到40%，热成型钢比例也领先同级，从而在保证整车被动安全的基础上，整车减重120千克。迈锐宝不仅标配20项安全子系统，还搭载了雪佛兰新一代智能安全科技，包括自适应巡航、前方碰撞预警、碰撞缓解系统等。

第2章 轿　车

雪佛兰迈锐宝（第九代车型）侧前方视角

雪佛兰迈锐宝（第九代车型）内饰

现代伊兰特

现代伊兰特（Hyundai Elantra）是韩国现代汽车公司在 1990 年推出的轿车，并分别于 1995 年（第二代）、2000 年（第三代）、2006 年（第四代）、2010 年（第五代）、2015 年（第六代）、2020 年（第七代）推出了换代车型。2004 年，该车由北京现代汽车公司引进中国生产和销售。作为韩系品牌的代表作，伊兰特曾是中国家用轿车市场的畅销车型之一。

基本参数 (2022 年款旗舰版)	
上市时间	2022 年 1 月
级别	紧凑型轿车
车身结构	4 门 5 座三厢车
驱动方式	前置前驱
发动机	1.4T 140 马力 L4
变速箱	7 挡干式双离合
长 × 宽 × 高（毫米）	4680×1810×1415
轴距	2720 毫米
整备质量	1270 千克
最高车速	200 公里 / 时
0~100 公里 / 时加速	8.79 秒

伊兰特第七代车型的外观造型看起来温和秀气，但前脸重新设计后却很有攻击性，发动机舱盖上两条粗棱线向前延伸至小而突出的进气格栅，带有强烈的前冲感。第七代车型的内饰线条比较简洁，色彩搭配显得清新自然，在中控台和车门内扶手上还搭配了亚光金属质感的饰板。伊兰特采用前麦弗逊式、后多连杆式悬架系统，并配备了气压减振器。

现代雅科仕

现代雅科仕（Hyundai Equus）是韩国现代汽车公司在 1999 年推出的轿车，2009 年推出换代车型，2016 年停产。

现代雅科仕的外观造型豪华大气，车身的线条轮廓设计虽然传统，但是方正气派。大灯采用 LED 日间行车灯加透镜灯组的组合。为了增加尾部的辨识度，采用了 LED 点式尾灯，视觉冲击力大为增强。内饰方面，现代雅科仕的前座拥有六向

基本参数 (2014 年款旗舰版)	
上市时间	2013 年 6 月
级别	大型轿车
车身结构	4 门 4 座三厢车
驱动方式	前置后驱
发动机	5.0L 430 马力 V8
变速箱	8 挡手自一体
长 × 宽 × 高 (毫米)	5460×1890×1495
轴距	3345 毫米
整备质量	2150 千克
最高车速	240 公里 / 时
0~100 公里 / 时加速	5.7 秒

电动调节功能、座椅温度控制功能等。三区独立恒温空调令驾驶座、副驾驶座、后排乘客可以单独控制自己区域的温度与风量。

现代雅科仕有三种动力可选，入门车型搭载 3.8 升 V6 发动机，中端车型搭载 4.6 升 V8 发动机，旗舰车型搭载 5 升 V8 发动机。变速箱方面，各个车型最初采用 6 挡手自一体变速箱，2012 年改为 8 挡手自一体变速箱。在主动安全防护方面，现代雅科仕采用了包裹式气囊设计，全车气囊、气帘共有 12 个，提供了安全的乘坐空间。该车的倒车雷达系语音兼画面双重提示系统，其摄像画面清晰明了，并有距离标段警示符号，为驾驶者泊车、倒车提供了安全保障。

英菲尼迪 Q70

英菲尼迪 Q70（Infiniti Q70）是日本英菲尼迪汽车公司在 2013 年推出的前置后驱/四驱轿车，2019 年停产。

英菲尼迪 Q70 采用家族式前脸设计，整体造型雍容沉稳。双拱型的前进气格栅以及水波纹的造型，颇具灵动气息。全系标配的 LED 大灯比传统的卤素灯要明亮不少，而且夜间视觉效果也显得更加高级。英菲尼迪旗下的大部分车型都有着流畅的侧面设计，英菲尼迪 Q70 也不例外，扁平修长的线条、圆滑外扩的轮拱使得它颇有轿跑的风情。英菲尼迪 Q70 的尾灯扁平犀利，中央的镀铬装饰条较粗壮。英菲尼迪 Q70 采用了全黑的内饰配色，环绕式的中控台设计，配上银色装饰板和深色实木装饰，充满老派的豪华感。

英菲尼迪 Q70 配备的 7 挡手自一体变速箱带有自适应学习程序，能够记录驾驶者的操作习惯，并依此调整换挡动作，让不同驾驶习惯的人都能获得称心如意的动力输出和换挡平顺性。

基本参数 (2019 年款旗舰版)	
上市时间	2018 年 11 月
级别	中大型轿车
车身结构	4 门 5 座三厢车
驱动方式	前置后驱
发动机	2.0T 211 马力 L4
变速箱	7 挡手自一体
长×宽×高（毫米）	5130×1845×1510
轴距	3050 毫米
整备质量	1872 千克
最高车速	230 公里/时
0~100 公里/时加速	6.76 秒

第3章 跑　车

　　跑车是一种线条流畅、动力突出的汽车，其最大特点是不断追求速度极限。跑车的目的在于"把赛车运动带入家庭生活"，它的问世给了很多痴迷于赛车运动的普通人体验当赛车手的机会，所以跑车可以理解为"赛车的民用版"。本章主要介绍世界主要跑车品牌旗下正在销售的重要车型，同时加入了跑车发展史上一些影响力较大的车型。

阿斯顿·马丁 One-77

阿斯顿·马丁 One-77（Aston Martin One-77）是英国阿斯顿·马丁汽车公司在 2009 年推出的跑车，2012 年停产，总产量为 77 辆，在中国市场的售价高达 4700 万元人民币。

阿斯顿·马丁 One-77 的车身覆盖件由手工打造的铝质面板组成，而其一体化的车身结构则由碳纤维制造。该车采用了全新的整体化进气格栅，使前脸更具个性。同时，尾部也采用了全新的设计，后备箱盖微微上扬，凸显出动感与强劲的跑车特质，并与前脸的新设计相得益彰。阿斯顿·马丁 One-77 的内饰秉承着阿斯顿·马丁奢华精湛的工艺，大量"裸露"出来的碳纤维饰板，彰显出对轻量化的追求。真皮缝制的中控台，搭配纯玻璃质地的挡位切换按钮。

阿斯顿·马丁 One-77 搭载一台动力强劲的 V12 自然吸气发动机，并使用了碳纤维一体式底盘结构、复合陶瓷刹车系统以及可调节高度的推杆悬架系统。

基本参数	
上市时间	2009 年
级别	超级跑车
车身结构	2 门 2 座硬顶车
驱动方式	前置后驱
发动机	7.3L 760 马力 V12
变速箱	6 挡手自一体
长×宽×高（毫米）	4601×2204×1222
轴距	2791 毫米
整备质量	1630 千克
最高车速	355 公里/时
0~100 公里/时加速	3.5 秒

第 3 章 跑 车

阿斯顿·马丁 One-77 侧面视角

阿斯顿·马丁 One-77 内饰

阿斯顿·马丁火神

阿斯顿·马丁火神（Aston Martin Vulcan）是英国阿斯顿·马丁汽车公司在2015年推出的跑车，2016年停产，总产量为24辆。

阿斯顿·马丁火神鲶鱼形的前脸设计非常特别，夸张的进气格栅可以迅速将前方气流引入车头再经进气道从位于发动机舱盖的排气口排出，配合车头部分的空气动力套件，起到了增大车头下压力的作用。巨大的尾翼是标准的赛车装备，阿斯顿·马丁火神所装备的碳纤维尾翼可以给车身带来巨大的下压力。车尾处的注气口说明阿斯顿·马丁火神具备赛车专用的气动千斤顶，方便比赛中进入维修站进行快速举升和下降。

虽然阿斯顿·马丁火神的内饰设计没有阿斯顿·马丁以往车型的优雅华贵，不过大量的碳纤维却给了驾驶者别样的感官刺激。红线的镶嵌也更符合车内的运动氛围。中控台一切功能都只为满足赛道驾驶，没有任何多余的电子设备可供娱乐。定制化的全液晶仪表可以清楚地记录赛道圈速成绩。

基本参数	
上市时间	2015年
级别	超级跑车
车身结构	2门2座硬顶车
驱动方式	前置后驱
发动机	7.0L 831马力 V12
变速箱	6挡序列式
长×宽×高（毫米）	4807×2063×1235
轴距	2810毫米
整备质量	1350千克
最高车速	330公里/时
0~100公里/时加速	2.9秒

第3章 跑 车

阿斯顿·马丁火神侧后方视角

阿斯顿·马丁火神内饰

阿斯顿·马丁 DB11

阿斯顿·马丁 DB11（Aston Martin DB11）是英国阿斯顿·马丁汽车公司在 2016 年推出的跑车，有硬顶车和软顶敞篷车两种车身结构。

阿斯顿·马丁 DB11 是阿斯顿·马丁汽车公司和梅赛德斯 - 奔驰汽车公司合作的首款产品，传承了阿斯顿·马丁经典的造型设计。前脸采用阿斯顿·马丁家族式的梯形进气格栅，只是线条轮廓略有改动。变化最大的当数前大灯，远近光 LED 灯组采用了花瓣形十字造型设计，看上去非常独特。黄金分割比例的车身设计，让车身侧面看起来非常优雅。前轮上方有一个腮状的通风口，在高速行驶时可以增加前轴的稳定性和抓地力。简洁饱满的尾部设计配有细细的尾灯。与前轮侧腮设计一样，尾部的可自动升降扰流板同样有增加车身稳定性的功能。内饰方面，延续了品牌传统，大量采用真皮包裹。中控台采用直瀑式设计，按键式换挡加入了水晶材质，显得非常精致。

阿斯顿·马丁 DB11 不同车型的动力配置有所不同，所有车型共有两款发动机，一款是来自梅赛德斯 -AMG 的 4 升 V8 双涡轮增压发动机，另一款则是阿斯顿·马丁自家的 5.2 升 V12 双涡轮增压发动机。

基本参数 (2020 年款旗舰版)	
上市时间	2020 年 6 月
级别	中高级跑车
车身结构	2 门 4 座硬顶车
驱动方式	前置后驱
发动机	5.2T 639 马力 V12
变速箱	8 挡手自一体
长×宽×高 (毫米)	4750×1950×1290
轴距	2805 毫米
整备质量	1870 千克
最高车速	334 公里 / 时
0~100 公里 / 时加速	3.7 秒

第 3 章 跑 车

阿斯顿·马丁 DB11 侧前方视角

阿斯顿·马丁 DB11 内饰

阿斯顿·马丁 DBS

阿斯顿·马丁 DBS（Aston Martin DBS）是英国阿斯顿·马丁汽车公司在 2018 年推出的跑车，有硬顶车和软顶敞篷车两种车身结构。在 2022 年以前，该车被称为阿斯顿·马丁 DBS 超级轻量版（Superleggera）。

阿斯顿·马丁 DBS 应用了很多轻量化设计，例如全铝车架、碳纤维覆盖件等，使其整备质量比阿斯顿·马丁 DB11 轻了很多。阿斯顿·马丁 DBS 的外观造型延续了阿斯顿·马

基本参数	
上市时间	2018 年
级别	中高级跑车
车身结构	2 门 4 座硬顶车
驱动方式	前置后驱
发动机	5.2T 725 马力 V12
变速箱	8 挡手自一体
长×宽×高（毫米）	4712×1968×1280
轴距	2805 毫米
整备质量	1693 千克
最高车速	340 公里/时
0~100 公里/时加速	3.4 秒

丁 DB11 的部分设计，包括前大灯、腰线、尾部造型等，不过进气格栅设计更激进，并且配备了大量空气动力学套件。LED 大灯组造型简单大方，采用与阿斯顿·马丁 DB11 相似的内部造型，搭配灯带式日间行车灯。车身侧面线条柔美，尽显阿斯顿·马丁的优雅气质，而略宽的后轮拱则为车辆增加了一些力量感。车尾饱满圆润，下方双边共四出的排气筒搭配空气动力学套件，让人印象深刻。

内饰方面，采用悬浮式中控屏，与下方实体按键操作区相搭配，形成科技与机械的结合。此外，红色缝线设计和褶皱设计被大量应用于座椅和车门饰板部分。

奥迪 TT

奥迪 TT（Audi TT）是德国奥迪汽车公司在 1998 年推出的前置前驱/四驱跑车，并分别于 2006 年（第二代）、2014 年（第三代）推出了换代车型。每一代车型都有 2 门 4 座硬顶跑车和 2 门 2 座软顶敞篷跑车两种车身结构。奥迪 TT 的名称是为了纪念 NSU 车厂（奥迪汽车公司的前身之一）在英国曼岛旅游者杯（TT）摩托车竞速赛中的辉煌战绩。

基本参数 (2017 年款旗舰版)	
上市时间	2017 年 3 月
级别	小型跑车
车身结构	2 门 2 座软顶敞篷车
驱动方式	前置四驱
发动机	2.0T 230 马力 L4
变速箱	6 挡湿式双离合
长×宽×高(毫米)	4181×1832×1355
轴距	2502 毫米
整备质量	1525 千克
最高车速	250 公里/时
0~100 公里/时加速	5.6 秒

奥迪 TT 第三代车型采用大众集团 MQB 平台打造，它并没有像大多数车型那样不断增加尺寸，第三代车型较之上一代的后期车型虽然轴距增长了 37 毫米，但是在长度和宽度上各缩减了 10 毫米，高度则保持不变。同时，由于采用了很多轻量化复合材料，整备质量也比上一代车型轻了 90 千克。外观方面，进气格栅由倒梯形变成了六边形，奥迪品牌标志从进气格栅转移到了发动机舱盖的前沿，大灯组改为四边形。车身侧面流畅的腰线、突出的圆形轮拱以及标志性的溜背式车顶线条，都被保留了下来。

内饰方面，依旧保持了上一代车型五个圆形空调出风口的经典设计。不过除了空调出风口外，中控台上只有包括双闪开关在内的极少几个按钮。中控屏被全新的数字仪表盘所取代。

奥迪 R8

奥迪 R8（Audi R8）是德国奥迪汽车公司在 2006 年推出的中置后驱/四驱跑车，并于 2015 年（第二代）推出了换代车型。

作为奥迪量产的首款中置发动机超级跑车，奥迪 R8 融合了奥迪在多个运动赛事中取胜的经验、技术。该车与兰博基尼盖拉多共享研发平台，并使用了 ASF 高钢性车身结构，镁铝合金的创新组合和密闭的管状空心结构直接结合在一起，作为车身的主要承载架构。其车身紧贴地面，车身尾部的肌肉感十足。在车门后方的轮拱和车顶之间，设有宽大的进气口。

基本参数 (2022 年款旗舰版)	
上市时间	2021 年 12 月
级别	超级跑车
车身结构	2 门 2 座硬顶车
驱动方式	中置四驱
发动机	5.2L 620 马力 V10
变速箱	7 挡湿式双离合
长×宽×高（毫米）	4429×1940×1236
轴距	2650 毫米
整备质量	1665 千克
最高车速	331 公里/时
0~100 公里/时加速	3.1 秒

奥迪 R8 驾驶舱内所有元素的风格和布局都注重驾驶本质：一切以驾驶者为中心。颜色的使用和整体氛围的营造都体现了美学和人体工程学的完美结合。中控台上方的仪表盘微微向驾驶者倾斜。平底的方向盘具有典型的奥迪运动车型风格，并且便于驾驶者出入。车内人员有充分的活动空间，舒适度较高。座椅后方的空间可以放置大型的储物包，甚至可以放置两个高尔夫球包。前部的行李厢容积为 100 升。

第 3 章 跑 车

奥迪 R8 侧前方视角

奥迪 R8 内饰

布加迪威龙

布加迪威龙（Bugatti Veyron）是法国布加迪汽车公司（现为德国大众集团旗下品牌）在 2005 年推出的跑车，2015 年停产，总产量为 450 辆，在中国市场的售价超过 2500 万元人民币。

基本参数	
上市时间	2005 年
级别	超级跑车
车身结构	2 门 2 座硬顶车
驱动方式	中置四驱
发动机	8.0T 1200 马力 W16
变速箱	7 挡干式双离合
长×宽×高（毫米）	4462×1998×1204
轴距	2710 毫米
整备质量	1990 千克
最高车速	407 公里/时
0~100 公里/时加速	2.5 秒

布加迪威龙的车身设计虽然极富运动感和艺术感，但除了保持布加迪的特有元素外，其余一切都向"速度"妥协：减少风阻的后视镜、升起后提升下压力的尾翼、保持稳定的车底导流槽和空间压缩到极限的行李厢。布加迪威龙很好地把握了力学和美学的平衡点，其车体由高强度铝合金、碳纤维制造，具有重量轻、强度高的优点。不过，车长不到 4.5 米的布加迪威龙整备质量依然超过了 1900 千克。布加迪威龙的车轮由米其林量身定制，前后车轮使用了宽度不同的轮胎，在减小摩擦阻力的同时也保证了以后轮驱动为主的稳定性。

布加迪威龙搭载大众集团专门研发的 W16 发动机，配备 4 个涡轮增压器，在极低的 1000 转/分时即可输出 730 牛·米的扭矩，在 2200 转/分时就可以迸发出 1250 牛·米的峰值扭矩，这种扭矩会一直持续到 5500

转/分。该车还配备了四轮驱动系统,它通过电磁感应来控制扭矩在前后各个车轮之间的分配,从而使驾驶更加轻松,操控更加灵敏。

布加迪威龙侧前方视角

布加迪威龙内饰

布加迪凯龙

  布加迪凯龙（Bugatti Chiron）是法国布加迪汽车公司在2016年推出的跑车，2022年停产，总产量为500辆。

  布加迪凯龙采用布加迪家族式的马蹄形格栅，饱满圆润的车身充满了力量感。大灯组由4个LED光源组成，造型犀利，点亮时科幻感十足。相比布加迪威龙，布加迪凯龙"C"形的侧面线条设计更加大胆，从前翼子板开始把整个侧窗包含在内，立体感很强，让人过目难忘。侧进气口与"C"形线条融为一体，它的主要作用是给发动机降温。为了更好地散热，大量的空气流经发动机及刹车盘后从车尾流出，因而车尾采用了大面积的镂空设计。由车头贯穿车身的中心脊线，一气呵成经过车顶延续至车尾，颇有艺术感。尾灯呈"一"字形设计，贯穿整个车尾。下方的扩散器为车辆提供下压力。中间四出的排气呈两个倒梯形设计，尺寸比较夸张。

  布加迪凯龙搭载了从布加迪威龙便开始使用的8升W16涡轮增压发动机，但进行了大幅度的改进升级，加入了直接燃料喷射，并且其中两个涡轮增压器改由电子控制来降低延迟。基于安全原因，布加迪凯龙的极速被限制在420公里/时，理论极速为463公里/时。

基本参数	
上市时间	2016年
级别	超级跑车
车身结构	2门2座硬顶车
驱动方式	中置四驱
发动机	8.0T 1600马力 W16
变速箱	7挡干式双离合
长×宽×高（毫米）	4544×2038×1212
轴距	2711毫米
整备质量	1978千克
最高车速	420公里/时
0~100公里/时加速	2.4秒

第 3 章 跑 车

布加迪凯龙侧前方视角

布加迪凯龙内饰

布加迪迪沃

布加迪迪沃（Bugatti Divo）是法国布加迪汽车公司在2019年推出的跑车，2021年停产，限量生产40辆，在中国市场的售价超过4000万元人民币。

布加迪迪沃拥有比布加迪凯龙更加低矮且激进的外形设计，考究的空气动力学以及轻量化套件也让其有着更灵巧的操控表现。更犀利且细长的大灯组、显眼的碳纤维车顶设计都增强了布加迪迪沃的辨识度。尾部在保持激进设计的同时进行了加宽处理，可进一步增加下压力。考虑到定制化的程度，可以说没有两辆布加迪迪沃是完全相同的，客户可以任意定制车身颜色、空气动力学套件、内饰材料等。

布加迪素来专注于直道和极速的表现，例如布加迪威龙和布加迪凯龙，虽然动力无穷，但是由于自身质量过大，在弯道上总是不够灵敏，直到布加迪迪沃的出现才改变了这一局面。该车在外观造型的空力动力学特性上做了较大的调整，悬架和底盘也经过精心调校，虽然直线加速能力没有提升，但在弯道上的操控表现更好。

基本参数	
上市时间	2019年
级别	超级跑车
车身结构	2门2座硬顶车
驱动方式	中置四驱
发动机	8.0T 1500马力 W16
变速箱	7挡干式双离合
长×宽×高（毫米）	4641×2018×1212
轴距	2711毫米
整备质量	1961千克
最高车速	380公里/时
0~100公里/时加速	2.4秒

第 3 章 跑 车

布加迪迪沃侧后方视角

布加迪迪沃内饰

保时捷 911

保时捷 911（Porsche 911）是德国保时捷汽车公司在 1964 年推出的后置后驱/四驱跑车。在 1999 年的法兰克福车展上，全球汽车选举基金会公布了"世纪之车"评选的五强名单，保时捷 911 名列第五，是唯一入选的跑车，也是前五名中两款持续量产的车型之一。

从保时捷 911 第一代车型问世以来，至今共经历了八代车型。历代保时捷 911 的外形变化并不大，

基本参数 (2020 年款旗舰版)	
上市时间	2020 年
级别	中高级跑车
车身结构	2 门 2 座硬顶车
驱动方式	后置四驱
发动机	3.7T 650 马力 H6
变速箱	8 挡湿式双离合
长×宽×高(毫米)	4535×1900×1303
轴距	2450 毫米
整备质量	1640 千克
最高车速	330 公里/时
0~100 公里/时加速	2.7 秒

设计师在保证不改变车型特色的情况下，通过完善细节达到焕然一新的效果。与上一代车型相比，目前在售的第八代车型（命名为保时捷 992）的车身尺寸更大，配备全新 LED 矩阵式大灯，尾部采用贯穿式尾灯设计。前脸保险杠两侧百叶窗状格栅更平直，并首次采用了电动伸出嵌入式门把手。

第八代车型的内饰设计灵感来自第一代车型，整体设计秉承极简主义，经典的"五连表"得以传承，不同的是第八代车型只保留中间一个为机械仪表，其余四个均为液晶仪表。中控台配备有一个 10.9 英寸触摸屏，中控台下方布置了触摸按钮。

小知识：

保时捷911有许多为了竞赛而由私人团队或保时捷原厂特别开发的特殊版本，这些车通常是各赛车领域的常胜将军。

保时捷911（第八代车型）侧前方视角

保时捷911（第八代车型）内饰

保时捷卡雷拉 GT

　　保时捷卡雷拉 GT（Porsche Carrera GT）是德国保时捷汽车公司在 2004 年推出的跑车，2007 年停产，总产量为 1270 辆。

　　保时捷卡雷拉 GT 采用了保时捷 911 GT1（勒芒耐力赛冠军赛车）的很多设计，旨在将其赛道性能和灵活的操控性能相结合。为了提高车辆安全性，保时捷设计师为其装备了前部和侧面防撞安全气囊、防抱死制动系统和牵引力控制装置、大功率氙气大灯，并在驾驶者座椅和乘客座椅周围采用了钢制结构。挡风玻璃和窗户的设计使驾驶者从各个角度都能获得最大视野。

基本参数	
上市时间	2004 年
级别	超级跑车
车身结构	2 门 2 座硬顶车
驱动方式	中置后驱
发动机	5.7L 612 马力 V10
变速箱	6 挡手动
长×宽×高(毫米)	4613×1921×1166
轴距	2730 毫米
整备质量	1380 千克
最高车速	330 公里/时
0~100 公里/时加速	3.9 秒

　　保时捷卡雷拉 GT 的内饰与赛车一样采用简洁的设计风格。踏板采用了赛车传统样式。方向盘和中控台的位置全部采用人机工程学设计，以便驾驶者能够轻松触及。点火开关的位置位于方向盘左边，而不是右边，这是为了在进入汽车时能够更轻松地启动。点阵式显示屏用于显示行车总里程、单次行程里程和其他数据，并且车辆也可以装备导航系统和博士立体声系统。

保时捷卡雷拉 GT 侧后方视角

保时捷卡雷拉 GT 内饰

保时捷918斯派德

保时捷918斯派德（Porsche 918 Spyder）是德国保时捷汽车公司在2013年推出的跑车，2015年停产，总产量为918辆，在中国市场的售价超过1300万元人民币。

保时捷918斯派德的底盘是用碳纤维强化塑料制成，车身广泛使用镁、铝材质。虽然该车的外观造型采用了保时捷的家族式设计，但是高高隆起的"脊背"和大尺寸的扰流板还是让它辨识度十足。向下倾斜的前脸造型极具视觉冲击力。为了配合保时捷的环保主张，车内的镶边及真皮缝制部分都是以绿色为主，看上去清新自然。而包括方向盘、仪表盘、中控台在内的关键部分则采用了现代感十足的设计。

保时捷918斯派德是插电式混合动力车型，后轮由4.6升V8发动机和电动机共同驱动，前轮则由电动机单独驱动。该车配备了防抱死系统、制动力分配系统、刹车辅助系统、牵引力控制系统、车身稳定控制系统等安全配置，安全性能出色。

基本参数	
上市时间	2013年
级别	超级跑车
车身结构	2门2座软顶敞篷车
驱动方式	中置四驱
发动机	4.6L 608马力 V8
变速箱	7挡湿式双离合
长×宽×高(毫米)	4643×1940×1167
轴距	2730毫米
整备质量	1720千克
最高车速	345公里/时
0~100公里/时加速	2.8秒

宝马 Z4

宝马 Z4（BMW Z4）是德国宝马汽车公司在 2002 年推出的跑车，并分别于 2009 年（第二代）、2018 年（第三代）推出了换代车型。

宝马 Z4 第三代车型外形上的主要特征是狭长的车头加上短小的尾部，前脸依然是宝马的家族式设计，整车看上去更加优雅。车身侧面，长度略显夸张的发动机舱让驾驶舱在视觉上后移了不少，这也让宝马 Z4 充满复古的韵味。流畅的线条贯穿车身，直至车尾仍然不遗余力地表达着一股强烈的运动气息。

基本参数 (2022 年款旗舰版)	
上市时间	2022 年 4 月
级别	小型跑车
车身结构	2 门 2 座软顶敞篷车
驱动方式	前置后驱
发动机	3.0T 340 马力 L6
变速箱	8 挡手自一体
长 × 宽 × 高 (毫米)	4337×1867×1312
轴距	2470 毫米
整备质量	1570 千克
最高车速	250 公里 / 时
0~100 公里 / 时加速	4.5 秒

宝马 Z4 第三代车型的内饰比较简洁，很少出现不符合运动特质的配置，它更追求一种纯粹的驾驶乐趣，"T"形三幅式方向盘及其内侧的手动换挡拨片足以勾起人的驾驶欲望，上面的多项功能按键操作起来非常方便。包裹式座椅集运动性与舒适性于一身。车内大面积采用钛金装饰，与黑色为主色调的内饰搭配在一起，运动氛围更加浓厚。富有层次感的中控台清晰地布置着各种控制按键，双筒状的仪表盘阅读起来非常方便。

法拉利恩佐

法拉利恩佐（Ferrari Enzo）是意大利法拉利汽车公司在 2002 年推出的跑车，2004 年停产，总产量为 400 辆。该车以法拉利汽车公司创始人恩佐·法拉利的名字命名。

法拉利恩佐的车体大量采用先进的复合材料，某些部位由碳纤维夹板以及蜂窝状铝材制成，不仅保证了车体的轻量化，而且有利于外形的塑造。车头的进气口以及中央突起的部分，完全是 F1 赛车车鼻的翻版。车顶非常紧凑，平滑向后微缩，以取得出色的空气动力学效果。车尾没有采用尾翼，使整车看起来更加紧凑。蝶翼式的车门与车顶以及前挡泥板相连开合。"纯粹以及强烈"是法拉利恩佐整个驾驶舱的灵魂，多数表面是由碳纤维制造，车辆控制键都集成在方向盘上。"赛车"座椅非常贴身，并富有支撑力。

法拉利恩佐采用了大量 F1 赛车的技术，并配备 F1 赛车的序列式变速箱和超大的碳纤陶瓷刹车碟。该车装有一台 6 升 V12 自然吸气发动机，夹角为 65°。该发动机（开发代号 F140）是一台参考了大量 F1 技术后完全重新设计的发动机，压缩比为 11.2，峰值扭矩为 657 牛·米。

基本参数	
上市时间	2002 年
级别	超级跑车
车身结构	2 门 2 座硬顶车
驱动方式	中置后驱
发动机	6.0L 660 马力 V12
变速箱	6 挡序列式
长×宽×高(毫米)	4702×2035×1147
轴距	2650 毫米
整备质量	1480 千克
最高车速	350 公里/时
0~100 公里/时加速	3.65 秒

第 3 章 跑 车

法拉利恩佐侧前方视角

法拉利恩佐内饰

法拉利 575M 马拉内罗

法拉利 575M 马拉内罗（Ferrari 575M Maranello）是意大利法拉利汽车公司在 2002 年推出的跑车，2006 年停产，总产量为 2056 辆。

法拉利 575M 是法拉利 550 的继任者，本质上是升级版的法拉利 550。在法拉利 550 的基础上，设计师对几处细节做了精妙的改进：发动机舱盖上的进气口和进气格栅的形状有所改变；加入流动力学和空气动力学人身保护系统；前大灯改为氙气灯源，并配备自动清洗装置；车轮利用空气动力学的前沿技术进行了改良。内饰方面，最引人注目的是仪表盘的变化，大型转速表被放在正中央。重新设计的方向盘采用皮革和铝材装饰。部分控制按钮被重新布置。

法拉利 575M 沿用了法拉利 550 的 65°夹角 V12 发动机，但排量有所增加。该发动机保留了原有的双顶置凸轮轴和全铝结构，加大了缸径和冲程，曲轴、活塞和气缸均采用全新的设计，新控制单元有更强的爆震感应能力，因此可以适当提高压缩比（从 10.8 增加到 11）。

基本参数	
上市时间	2002 年
级别	中高级跑车
车身结构	2 门 2 座硬顶车
驱动方式	前置后驱
发动机	5.7L 515 马力 V12
变速箱	6 挡序列式
长×宽×高(毫米)	4550×2500×1935
轴距	1277 毫米
整备质量	1853 千克
最高车速	325 公里/时
0~100 公里/时加速	4.2 秒

第 3 章 跑 车

 ## 法拉利 F430

  法拉利 F430（Ferrari F430）是意大利法拉利汽车公司在 2004 年推出的跑车，2009 年停产。

  法拉利 F430 的车身前端有两个独特的进气口，将空气引导至宽大的散热器，使大功率发动机得以冷却。两个进气口在较低边缘处通过一个扰流器连接在一起，将空气引导至扁平的车身底部。由于采用了双氙气大灯，法拉利 F430 的垂直重叠式前大灯造型非常紧凑。内饰方面，为了便于操作，设计师将主要控制装置都集中布置在驾驶者前面，各种仪表集中布置在仪表盘内。这种毫不妥协的设计理念同样体现在安装在方向盘上的启动按钮和驾驶模式选择开关上。

  法拉利 F430 与众不同的一个技术特征是电子差速器。这种解决方案早已应用在 F1 单座赛车上，并且得到持续改进，它可以在极高的转向加速度下有效地将巨大的扭矩传递到赛道上。电子差速器是法拉利 F430 的标准装置，这也是量产车首次配备这种先进的装置，以达到优异的道路操控性能。电子差速器能保证转向时获得最大的抓地力量，消除车轮空转。

基本参数	
上市时间	2004 年
级别	中高级跑车
车身结构	2 门 2 座硬顶车
驱动方式	中置后驱
发动机	4.3L 490 马力 V8
变速箱	6 挡序列式
长 × 宽 × 高（毫米）	4511×1923×1214
轴距	2601 毫米
整备质量	1517 千克
最高车速	315 公里 / 时
0~100 公里 / 时加速	3.6 秒

法拉利 612 斯卡列蒂

　　法拉利 612 斯卡列蒂（Ferrari 612 Scaglietti）是意大利法拉利汽车公司在 2004 年推出的跑车，2011 年停产，总产量为 3025 辆。

　　法拉利 612 的前脸骨感十足，两侧高高隆起的鼻翼增加了车身前冲的气势，棱角分明的折线划过两翼的正中，通过大灯组与进气格栅边缘相接，形成一个明显的 "U" 形。橄榄形的大灯组镶嵌在两翼的前方，正中的突起折线与前脸完全融为一体。宽大的进气格栅位于前保险杠中央。车身侧面的线条极具视觉冲击力，车门至前翼子板之间深深地凹入车体内，而车尾部位又夸张地突出车体外，不仅立体感很强，而且符合空气动力学原理。内饰方面，采用富有科技感的铝质装饰和手工制作的全纹皮革装饰，客户还可以按照自己的意愿进行全面的个性化定制。

　　法拉利 612 是法拉利旗下为数不多的前置后驱并且可以乘坐 4 人的 V12 跑车，继承了法拉利悠久的 "2+2" 座跑车传统。该车搭载 65°夹角 V12 发动机，发动机由博世莫特朗尼克 ME7 电子控制单元进行控制，设计师对动态操纵性进行了细致入微的研究，使车辆的回应格外迅捷和平顺，从而轻松应对各种驾驶条件。

基本参数	
上市时间	2004 年
级别	中高级跑车
车身结构	2 门 4 座硬顶车
驱动方式	前置后驱
发动机	5.7L 540 马力 V12
变速箱	6 挡序列式
长 × 宽 × 高（毫米）	4902×1957×1344
轴距	2950 毫米
整备质量	1850 千克
最高车速	320 公里 / 时
0~100 公里 / 时加速	4 秒

法拉利 599 GTB 费奥拉诺

　　法拉利 599 GTB 费奥拉诺（Ferrari 599 GTB Fiorano）是意大利法拉利汽车公司在 2006 年推出的跑车，2012 年停产，总产量为 3500 辆（不含衍生车型）。

　　法拉利 599 GTB 费奥拉诺的发动机舱盖上面有一道突起，暗示着隐藏在它下面的是动力强大的 V12 发动机，它的旁边是两个热空气扩散器，为发动机舱盖平添了一丝轻快的韵味。镶嵌着跃马标志的"井"

基本参数	
上市时间	2006 年
级别	中高级跑车
车身结构	2 门 2 座硬顶车
驱动方式	前置后驱
发动机	6.0L 620 马力 V12
变速箱	6 挡序列式
长×宽×高(毫米)	4665×1962×1336
轴距	2750 毫米
整备质量	1793 千克
最高车速	330 公里 / 时
0~100 公里 / 时加速	3.7 秒

字形进气格栅进行了镀铬处理。前轮拱板上的通风口一直延伸到门柱后方，描绘出上升的线条和强健的造型效果。后轮拱从车身侧面略微向外突出，如同运动员身上隆起的肌肉，凸显了力量感。法拉利 599 GTB 费奥拉诺的内部设计将纯种法拉利跑车的运动风格、精致的细节设计和个性化定制项目结合在一起。流畅的造型和宽敞的空间为驾驶者营造出十足的运动感。

　　法拉利 599 GTB 费奥拉诺搭载的 6 升 V12 发动机是在法拉利恩佐发动机的基础上开发而来，峰值扭矩高达 608 牛·米，发动机的极限转速为 8400 转 / 分。该车配备了 F1-SuperFast 变速箱，其换挡时间只有 100 毫秒；F1-Trac 系统，可以对牵引力进行优化控制。这两项配置都是第一次应用在公路版跑车上。

法拉利加利福尼亚

法拉利加利福尼亚（Ferrari California）是意大利法拉利汽车公司在2008年推出的跑车，2017年停产。

法拉利加利福尼亚的原型车是1957年的法拉利250GT加利福尼亚，虽然看上去更为紧凑的造型减少了一些侵略性，但优美的线条依然散发着浓厚的法拉利气息。该车在很多地方都借鉴了法拉利250 GT加利福尼亚的经典设计，例如，极具视觉冲击力的车身线条，发动机舱盖上的进气口，被广泛应用的进气格栅以及同样造型别致的鲨鱼鳃式设计。法拉利加利福尼亚造型上最大的亮点还是可折叠金属车顶，以铝板制成的车顶在14秒内便可以完成硬顶与敞篷的开合。车身尾部在细节上有了不小的变化，传统的四圆灯被尺寸更大的双圆灯取代，而且位置更靠上方。

全真皮包裹的内饰给法拉利加利福尼亚带来了久违的豪华感。经典的三幅方向盘、位置独特的喇叭按钮以及方向盘上的模式控制按钮，清晰简单的操控按键散发出强烈的运动气息。法拉利加利福尼亚采用了法拉利全新打造的"高性能低排放"（HELE）系统。该系统集成了启/停技术、智能发动机风扇与燃油泵控制技术、电子控制可变排量空调技术，以及为满足不同驾驶习惯而配备的换挡模式。

基本参数	
上市时间	2008年
级别	中高级跑车
车身结构	2门4座硬顶敞篷车
驱动方式	中置后驱
发动机	4.3L 490马力V8
变速箱	7挡湿式双离合
长×宽×高（毫米）	4563×1902×1308
轴距	2670毫米
整备质量	1735千克
最高车速	312公里/时
0~100公里/时加速	3.8秒

法拉利 458 意大利

法拉利 458 意大利（Ferrari 458 Italia）是意大利法拉利汽车公司在 2009 年推出的跑车，2015 年停产，总产量为 15000 辆（不含衍生车型）。

与同时期的法拉利新车一样，法拉利 458 意大利也是出自意大利著名的宾尼法利纳汽车设计工作室，但它的整体造型却完全颠覆了过去法拉利跑车给人的既有印象，充满了未来感，尤其是车头那两道如利刃般、截然不同于传统超跑设计的直列式 LED 大

基本参数	
上市时间	2009 年
级别	中高级跑车
车身结构	2 门 2 座硬顶车
驱动方式	中置后驱
发动机	4.5L 570 马力 V8
变速箱	7 挡湿式双离合
长×宽×高（毫米）	4527×1937×1213
轴距	2650 毫米
整备质量	1565 千克
最高车速	325 公里 / 时
0~100 公里 / 时加速	3.4 秒

灯组。车尾的设计是向法拉利经典车型致敬，两侧刻意隆起的尾灯来自法拉利恩佐，三出式排气尾管则来自法拉利 F40。法拉利 458 意大利所有按键与操作旋钮不是设计在方向盘上，就是离方向盘很近，只需稍微把手伸直就可以操作，不但能提升行车的安全性，也能让驾驶者更专心于应付路况。

法拉利 458 意大利搭载了法拉利发动机团队全新研发的 4.5 升 90°夹角 V8 发动机，是法拉利首款缸内直喷中置 V8 发动机，具备 12.51 高压缩比，峰值扭矩为 540 牛·米。该车采用流行的 7 挡双离合变速箱取代了原来的序列式变速箱，这样的变化在换挡平顺性、燃油经济性和排放水平方面有所帮助。

法拉利 FF

法拉利 FF（Ferrari FF）是意大利法拉利汽车公司在 2011 年推出的跑车，2016 年停产，总产量为 2291 辆。该车是法拉利推出的性能较强、功能较全的 4 座跑车，也是法拉利首款四驱跑车。

法拉利 FF 是法拉利旗下车身尺寸较大的车型，在驾乘空间方面具有一定的优势。作为法拉利 612 斯卡列蒂的继任者，除了憨态的大嘴以外，法拉利 FF 的外形和法拉利

基本参数	
上市时间	2011 年
级别	中高级跑车
车身结构	3 门 4 座猎装车
驱动方式	前置四驱
发动机	6.3L 659 马力 V12
变速箱	7 挡湿式双离合
长×宽×高（毫米）	4907×1953×1379
轴距	2990 毫米
整备质量	1880 千克
最高车速	335 公里 / 时
0~100 公里 / 时加速	3.7 秒

612 斯卡列蒂没有太多相似之处。法拉利 FF 前脸的设计比较彪悍，在设计上以猎装车掀背风格为主，并加入更多凌厉的线条。法拉利 FF 的前脸与法拉利 458 意大利相似，如采用镀铬装饰的"U"形大嘴，还有犀利深邃的"L"形大灯等。法拉利 FF 的车身侧面线条比较繁复，却与整车外形很好地融合。车身尾部，后轮翼子板凸出，导流槽的轮廓充满侵略性。

法拉利 FF 从头到尾都散发着优雅的气质，每一处细节及装饰都散发着与众不同的精致和尊贵，其座舱也洋溢着独特的魅力。法拉利 FF 提供了同类车型中极佳的驾乘感和舒适度，这得益于其能够确保四个驾乘位都具备相同驾驶感受和车内设备操作性的四个包裹性极佳的座椅。

法拉利 F12 伯林尼塔

法拉利 F12 伯林尼塔（Ferrari F12 Berlinetta）是意大利法拉利汽车公司在 2012 年推出的跑车，2017 年停产。

法拉利 F12 伯林尼塔的造型设计由法拉利造型中心与宾尼法利纳汽车设计公司联合打造，线条流畅而不乏野性。无与伦比的空气动力学特性与和谐优雅的车身比例在该车身上得到完美结合，彰显了法拉利 V12 前置发动机车型的独特气质。

基本参数	
上市时间	2012 年
级别	中高级跑车
车身结构	2 门 2 座硬顶车
驱动方式	前置后驱
发动机	6.3L 740 马力 V12
变速箱	7 挡湿式双离合
长×宽×高(毫米)	4618×1942×1273
轴距	2720 毫米
整备质量	1630 千克
最高车速	340 公里/时
0~100 公里/时加速	3.1 秒

在法拉利 F12 伯林尼塔紧凑的外部尺寸之下，车内空间显得非常宽敞，驾乘舒适度较高。全新的弗洛皮革内饰让先进技术和精致的手工艺细节相得益彰。呈倾斜设计的锃亮仪表盘中间设有全新的碳纤维铝质气孔，灵感来源于航空工业设计。人机操控界面将主要控制装置都集中在驾驶者触手可及之处，通过尽善尽美的人体工程学设计实现人车一体的驾驶体验。车座后方拥有更大容量的行李厢，乘客可以透过后挡板上的独特设计轻松布置这个行李空间。

> **小知识：**
> 　　法拉利 F12 伯林尼塔曾在费奥拉诺赛道创造了法拉利所有公路跑车中的最佳成绩，单圈时间仅为 1 分 23 秒。

法拉利拉法

　　法拉利拉法（Ferrari LaFerrari）是意大利法拉利汽车公司在 2013 年推出的跑车，2018 年停产，总产量为 710 辆。该车是首款完全由法拉利自主研发的车型，宾尼法利纳汽车设计公司没有提供任何技术支持。

　　法拉利拉法的车身架构在设计初期就给法拉利设计团队带来了挑战。当时的目标是在采用体积庞大的混合动力系统的前提下，实现理想的重量分布（59% 的重量分布在后部）以及紧凑的轴距。最终结果正是所有重量集中于车辆前后轴之间并尽可能地降低车身重心（降低了 35 毫米），从而保证了前所未有的空气动力效率以及紧凑而舒适的尺寸。驾驶舱的布局在这方面起到了非常重要的作用。固定式座椅经过特别定制，而踏板区和方向盘均可调节。驾驶位置类似于单座赛车。

　　法拉利拉法拥有超凡的性能表现、空气动力学效率以及操控性，为超级跑车树立了新的标杆。该车采用被称为 HY-KERS 的混合动力系统，一台 6.3 升 V12 自然吸气发动机可输出 799 马力，电动机独立输出 163 马力，使法拉利拉法的综合输出功率高达 962 马力。该车配备动态车辆控制系统，这是该系统首次与主动式空气动力学设计和 HY-KERS 系统同时整合在一款公路跑车上。

基本参数	
上市时间	2013 年
级别	超级跑车
车身结构	2 门 2 座硬顶车
驱动方式	中置后驱
发动机	6.3L 799 马力 V12
变速箱	7 挡湿式双离合
长×宽×高(毫米)	4702×1992×1116
轴距	2650 毫米
整备质量	1585 千克
最高车速	352 公里/时
0~100 公里/时加速	2.6 秒

第 3 章 跑　车

法拉利拉法正前方视角

法拉利拉法内饰

法拉利 488

法拉利488（Ferrari 488）是意大利法拉利汽车公司在2015年推出的跑车，2019年停产。

法拉利488的外形时尚前卫，前脸采用双竖条的设计，两侧带有蜂窝式格栅，前大灯造型非常精致。车身侧面腰线立体，肌肉感很强，五幅轮毂搭配黄色的刹车钳，极富运动气息。狭长的侧进气口也颇有运动感，座舱后方带有隆起的设计。车身尾部两侧是圆形的尾灯，下方是巨大的运动扩散器。法拉利488的内饰使用了大量真皮材料，整个中控台操作区域都围绕驾驶者展开，并有一个高度集成车辆功能的方向盘。这些设计都是为了驾驶者服务，能够让驾驶者全部集中精力，享受驾驶的乐趣。

法拉利488搭载3.9升V8双涡轮增压发动机，满足高速运动的需要。相较法拉利458的自然进气发动机，法拉利488的发动机排量更小，但是功率更大。根据调校不同，低功率版为670马力，高功率版为720马力。

基本参数	
上市时间	2015年
级别	中高级跑车
车身结构	2门2座硬顶车
驱动方式	中置后驱
发动机	3.9T 720马力 V8
变速箱	7挡湿式双离合
长×宽×高(毫米)	4568×1952×1213
轴距	2650毫米
整备质量	1470千克
最高车速	330公里/时
0~100公里/时加速	3秒

法拉利 GTC4 罗丝欧

　　法拉利 GTC4 罗丝欧（Ferrari GTC4 Lusso）是意大利法拉利汽车公司在 2016 年推出的跑车，2020 年停产。

　　法拉利 GTC4 罗丝欧是法拉利 FF 的替代车型，不仅外形设计有所改进，还在配置以及动力方面进行了升级。该车的名称是向法拉利 330 GTC 等经典法拉利 "2+2" 跑车致敬，名称中的数字 4 则代表了 4 座设计。法拉利 GTC4 罗丝欧的前脸采用大嘴式格栅，前大灯线条也进行了一

基本参数	
上市时间	2016 年
级别	中高级跑车
车身结构	3 门 4 座猎装车
驱动方式	前置四驱
发动机	6.3L 689 马力 V12
变速箱	7 挡湿式双离合
长×宽×高（毫米）	4922×1980×1383
轴距	2990 毫米
整备质量	1790 千克
最高车速	335 公里 / 时
0~100 公里 / 时加速	3.4 秒

些调整。尾灯回归四圆灯设计，再现法拉利经典元素。内饰方面，法拉利 GTC4 罗丝欧除了保留法拉利 FF 的方向盘和仪表盘设计之外，其他部位均采用全新设计，10.25 英寸液晶显示屏增加了车内科技感，中控台部分的功能按键和空调出风口造型均有变化。

　　法拉利 GTC4 罗丝欧仍然搭载 6.3 升 V12 发动机，不过经过调校之后，发动机的最大输出功率提升到 689 马力，峰值扭矩达到 697 牛·米。法拉利 GTC4 罗丝欧保留了 4RM 四驱系统，同时新增了后轮转向技术。

法拉利 812 超高速

法拉利 812 超高速（Ferrari 812 Superfast）是意大利法拉利汽车公司在 2017 年推出的跑车。

法拉利 812 超高速是法拉利 F12 伯林尼塔的后继车型，外形方面采用了新的设计语言，大灯如倒置的水滴，进气格栅变为大嘴造型。车身侧面线条较法拉利 F12 伯林尼塔更流畅，前保险杠侧面、前翼子板及后翼子板上侧均设计了气流通道来引导气流。车尾向上翘起，尾灯

基本参数	
上市时间	2017 年
级别	中高级跑车
车身结构	2 门 2 座硬顶车
驱动方式	前置后驱
发动机	6.5L 800 马力 V12
变速箱	7 挡湿式双离合
长×宽×高(毫米)	4657×1971×1276
轴距	2720 毫米
整备质量	1525 千克
最高车速	340 公里/时
0~100 公里/时加速	2.9 秒

采用了经典的四圆灯设计，横向的布局使尾部的视觉重心更低。法拉利 812 超高速的内饰设计变得更加精致，悬浮式的设计显得非常前卫。该车配备了更符合人体工程学原理且更具运动感的新型座椅，同时配备了全新的 HMI 人机界面，采用了全新的方向盘和仪表盘以及最新的信息娱乐系统及空调设备。

法拉利 812 超高速是法拉利旗下首款配备电动助力转向系统的车型，并搭载了最新的侧滑角控制系统以及虚拟短轴距系统，使得法拉利 812 超高速在满足激情的驾驶体验的同时也更易于操控。

法拉利波托菲诺

法拉利波托菲诺（Ferrari Portofino）是意大利法拉利汽车公司在 2017 年推出的跑车。

法拉利波托菲诺是法拉利加利福尼亚的后继车型，沿用了后者的基本车身架构，包括可折叠硬顶敞篷的设计也没有改变。不过，法拉利波托菲诺的底盘有所优化，不仅提升了抗扭转强度，重量也大幅减轻。外形方面，法拉利波托菲诺依然遵循法拉利一直以来集艺术与功能于一体的做法，让车辆同时拥有出色的空气动力学效果以及让人欲罢不能的外形。例如叶子板侧面的通风口具有很好的装饰作用，而它与隐藏在大灯两旁的进气口连通，能有效疏导前轮拱内的乱流，大幅降低风阻。

内饰方面，法拉利波托菲诺对豪华和舒适的追求绝不亚于法拉利加利福尼亚，包括 18 向电动调节真皮座椅和 10.2 英寸大屏的加入，都能让用户获得更好的驾乘体验。

基本参数	
上市时间	2017 年
级别	中高级跑车
车身结构	2 门 4 座硬顶敞篷车
驱动方式	前置后驱
发动机	3.9T 612 马力 V8
变速箱	8 挡湿式双离合
长×宽×高(毫米)	4586×1938×1318
轴距	2670 毫米
整备质量	1664 千克
最高车速	320 公里/时
0~100 公里/时加速	3.5 秒

法拉利蒙扎 SP

法拉利蒙扎 SP（Ferrari Monza SP）是意大利法拉利汽车公司在 2019 年推出的跑车，分为单座款（蒙扎 SP1）和双座款（蒙扎 SP2）。

法拉利蒙扎 SP 的名称源自意大利米兰北部的蒙扎赛道（Monza circuit），这意味着它完全是以赛道为设计理念的车型。根据法拉利的介绍，法拉利蒙扎 SP 的设计参照了以法拉利 166 MM、法拉利 750 蒙扎和法拉利 860 蒙扎为代表的经典法拉利 2 座敞篷车型。

基本参数（蒙扎 SP2）	
上市时间	2019 年
级别	超级跑车
车身结构	2 门 2 座敞篷车
驱动方式	前置后驱
发动机	6.5L 810 马力 V12
变速箱	7 挡湿式双离合
长×宽×高（毫米）	4657×1996×1155
轴距	2720 毫米
整备质量	1520 千克
最高车速	300 公里/时
0~100 公里/时加速	2.9 秒

为了致敬经典，法拉利蒙扎 SP 连挡风玻璃都没有配备，而是采用新的科技——虚拟挡风板。它通过导流通道内的两个分支栅栏给导流通道的中央通道和外部通道造成气压变化，减小了围绕在驾驶者的低速气流外围的流场波动。这个设计还能减少气动噪声，消除围绕在驾驶者头部的横向空气带来的危险振荡，从而提升整体舒适度。

法拉利蒙扎 SP 的内饰设计也证明它是一台极具赛道风格的超级跑车，碳纤维材质的大量运用，配合皮质座椅的古朴设计，让人有一种置身于 20 世纪 50 年代与现代融合的错乱时空内的感觉。

第 3 章 跑 车

法拉利蒙扎 SP1 正前方视角

法拉利蒙扎 SP2 侧前方视角

法拉利 F8 特里布托

法拉利 F8 特里布托（Ferrari F8 Tributo）是意大利法拉利汽车公司在 2019 年推出的跑车。

法拉利 F8 特里布托是法拉利 488 的后继车型，前脸采用内凹的设计，大灯造型狭长，增强了运动感。车身侧面线条流畅，黑色的轮毂搭配红色的刹车钳，视觉效果很出色。尾部造型硬朗，尾灯为圆形，下方是巨大的空气套件设计。法拉利 F8 特里布托仪表盘区域的造型很像喷气式战斗机的尾部，其余位置布置着一些简单的控制按键，还有大面积的碳纤维饰板。直立的运动座椅，较细的 A 柱和极低的前车身让驾驶者的前方视野非常开阔。副驾驶位置还可选装一个 7 英寸的显示屏，主要用于显示车辆的行驶信息，并简单操作音响和导航系统。

法拉利 F8 特里布托搭载的 3.9 升 V8 双涡轮增压发动机源自特殊版本的法拉利 488，其质量减轻了 18 千克，转速上升更快，峰值扭矩为 770 牛·米。此外，法拉利 F8 特里布托的进气、排气系统也有所优化。

基本参数	
上市时间	2019 年
级别	中高级跑车
车身结构	2 门 2 座硬顶车
驱动方式	中置后驱
发动机	3.9T 720 马力 V8
变速箱	7 挡湿式双离合
长×宽×高（毫米）	4611×1979×1206
轴距	2650 毫米
整备质量	1435 千克
最高车速	340 公里/时
0～100 公里/时加速	2.9 秒

法拉利 F8 特里布托正后方视角

法拉利 F8 特里布托内饰

法拉利 SF90 斯达德尔

法拉利 SF90 斯达德尔（Ferrari SF90 Stradale）是意大利法拉利汽车公司在 2019 年推出的跑车。

法拉利 SF90 斯达德尔的前脸造型立体感十足，极具攻击性。内凹的车头配合两侧的扩散器，有助于在前轴处产生下压力。不同于法拉利以往的车型，法拉利 SF90 斯达德尔首次采用了矩阵式 LED 大灯，"C"字形灯组内还加入了三条灯带，辨识度极高。车身侧面造型优雅而不失运动。车门后侧的开孔是中冷器风道。车尾配备了可关闭式襟翼，能够调节车辆顶部的气流。尾灯并未采用法拉利标志性的圆形设计，而是采用圆角矩形的圆环造型。法拉利 SF90 斯达德尔的内饰设计与法拉利 F8 特里布托十分相似，但是简化了细节，设计更加纯粹。

法拉利 SF90 斯达德尔是法拉利旗下首款插电式混合动力超级跑车，得益于品牌最强 V8 发动机以及三台电动机，部分性能甚至超越了旗舰车型法拉利拉法。法拉利 SF90 斯达德尔搭载由韩国 SK 集团提供的 7.9 千瓦时锂离子电池组，纯电模式下最高车速可达 135 公里/时，续航里程为 25 公里。

基本参数	
上市时间	2019 年
级别	超级跑车
车身结构	2 门 2 座硬顶车
驱动方式	中置四驱
发动机	4.0T 780 马力 V8
变速箱	8 挡湿式双离合
长×宽×高（毫米）	4710×1972×1186
轴距	2650 毫米
整备质量	1600 千克
最高车速	340 公里/时
0~100 公里/时加速	2.5 秒

法拉利 SF90 斯达德尔侧后方视角

法拉利 SF90 斯达德尔内饰

法拉利罗马

法拉利罗马（Ferrari Roma）是意大利法拉利汽车公司在2020年推出的跑车。

法拉利罗马的前脸设计与众不同，采用了弧形镂空式进气格栅，下方不规则的造型加上起伏不平的发动机舱盖造型，非常像一张刚开的大嘴。车身侧面则是另一种风格，低趴的车身显著降低了风阻系数，而20英寸的铝合金轮毂和厚实的脚踏板，则增强了整体的运动感。内

基本参数	
上市时间	2020 年
级别	中高级跑车
车身结构	2 门 4 座硬顶车
驱动方式	中置后驱
发动机	3.9T 620 马力 V8
变速箱	8 挡湿式双离合
长×宽×高（毫米）	4656×1974×1301
轴距	2670 毫米
整备质量	1570 千克
最高车速	320 公里/时
0~100 公里/时加速	3.4 秒

饰方面，法拉利罗马把豪华感和奢侈感展现得淋漓尽致，不仅拥有大尺寸的液晶触控显示屏和全液晶仪表盘，方向盘和挡把区域也采用真皮、烤漆面板等包裹覆盖。整个内饰层次分明，而且因为车内的空间充裕，乘坐感非常强，身体所碰之处都是柔软舒适的，驾乘体验非常好。

法拉利罗马搭载一台3.9升双涡轮增压发动机，峰值扭矩为760牛·米。功能配置方面，法拉利罗马有着符合自身价值的豪华配置，车载冰箱、缺气保用轮胎、电动天窗、被动行人保护、车道偏离预警系统、车道保持辅助系统等应有尽有。

第 3 章 跑 车

法拉利罗马侧前方视角

法拉利罗马内饰

福特野马

福特野马（Ford Mustang）是美国福特汽车公司在1964年推出的跑车，并分别于1974年（第二代）、1979年（第三代）、1994年（第四代）、2005年（第五代）、2015年（第六代）推出了换代车型。福特野马使肌肉车成为美国汽车的代表，奠定了美式肌肉车在世界汽车工业中的影响力。

基本参数 (2022年款旗舰版)	
上市时间	2022年7月
级别	小型跑车
车身结构	2门4座硬顶车
驱动方式	前置后驱
发动机	5.0L 477马力 V8
变速箱	10挡手自一体
长×宽×高(毫米)	4794×1916×1391
轴距	2720毫米
整备质量	1720千克
最高车速	234公里/时
0~100公里/时加速	4.8秒

福特野马第六代车型的外形朴实无华，但从骨子里散发着一种野性。一切以实用为主，是福特野马的一个突出特点。其前脸设计比较保守，与某些轿车相比并没有太大区别。发动机舱盖上的两条折线，进气格栅中间的骏马标志，是整个车头最引人注目的元素。车身侧面设计虽然仍以沉稳为主，但是一条梯形的凹线从前翼子板开始，直贯后翼子板，将整车的动感展露出来。尾部设计也以稳重为主，要不是尾翼的提醒，很难将福特野马划为跑车之列。

内饰方面，所有塑料件均有柔软的质感，仪表盘采用铝合金面板，方向盘上的银色部分也是金属材料，用强烈的金属感来衬托外观造型的肌肉感,同时能够满足现代时尚的审美观。可设置颜色的仪表盘,将个性化推到了极致。

福特野马(第六代车型)侧前方视角

福特野马(第六代车型)内饰

捷豹 XJ220

捷豹 XJ220（Jaguar XJ220）是英国捷豹汽车公司在 1992 年推出的跑车，1994 年停产，总产量为 282 辆。

捷豹 XJ220 的外观造型可以说是超越了当时的时代，前脸采用圆润的线条设计，椭圆形的进气口和椭圆形的下塌式大灯，看起来相当优雅。前保险杠下方凸起的前唇适当地保留了前脸的侵略性。车身侧面光滑而低矮，驾驶舱仅略微隆起，背后是拱形的后轮眉，尽显力量感。

基本参数	
上市时间	1992 年
级别	超级跑车
车身结构	2 门 2 座硬顶车
驱动方式	中置后驱
发动机	3.5T 542 马力 V6
变速箱	5 挡手动
长×宽×高（毫米）	4930×2009×1150
轴距	2640 毫米
整备质量	1470 千克
最高车速	349.4 公里/时
0~100 公里/时加速	3.9 秒

车身尾部巨大的扩散器和略微上翘的造型，诠释了极致的空气动力学。捷豹 XJ220 的整车长度接近 5 米，但是在铝制部件的帮助下，整备质量仅有 1470 千克。内饰方面，当时碳纤维材质还没有大量运用，因此捷豹 XJ220 仍然采用真皮包裹的方式营造豪华感。

捷豹 XJ220 最初搭载 6.2 升 V12 发动机，量产后更换为 3.5 升 V6 涡轮增压发动机。1992 年，一辆由英国车手驾驶的捷豹 XJ220 在意大利纳尔多赛道先跑出 341.7 公里/时的极速成绩，随后再创下 349.4 公里/时的量产车极速纪录。

捷豹 XJ220 侧后方视角

捷豹 XJ220 内饰

捷豹 E-Type

捷豹 E-Type（Jaguar E-Type）是英国捷豹汽车公司在 1961 年推出的跑车，1974 年停产，总产量超过 7 万辆。

捷豹 E-Type 在日内瓦车展首次亮相时，令汽车行业为之轰动。该车的经典设计令其他车型相形见绌，甚至深深打动了法拉利汽车公司创始人恩佐·法拉利，他将捷豹 E-Type 誉为"有史以来最优美的汽车"。从某种意义上说，捷豹 E-Type 引发了 20 世纪 60 年代社会和技术变革的风潮。

基本参数	
上市时间	1961 年
级别	中高级跑车
车身结构	2 门 4 座硬顶车
驱动方式	前置后驱
发动机	4.2L 270 马力 L6
变速箱	4 挡手动
长 × 宽 × 高（毫米）	4685×1657×1273
轴距	2667 毫米
整备质量	1402 千克
最高车速	241 公里 / 时
0~100 公里 / 时加速	6.4 秒

捷豹 E-Type 呈现出令人难以抗拒的优雅风格、澎湃动力及迷人美感，它采用修长优雅的发动机舱盖、更贴地的底盘及椭圆形车头，开创了汽车设计风格的全新时代。与华丽的外形相匹配的，是相对朴实简约的内饰设计，竖直的中控台并没有过多线条或造型，除去驾驶者前方的仪表盘，捷豹 E-Type 中控台上半部分也被功能不同的各式仪表所占据，数量不多的按键、拨杆则水平排列在中控台仪表下方。

第 3 章 跑 车

> **小知识：**
> 2008年，英国《每日电讯报》评出100辆最美汽车，捷豹 E-Type 登上了冠军宝座。

捷豹 E-Type 侧面视角

捷豹 E-Type 内饰

柯尼赛格 CC8S

柯尼赛格 CC8S（Koenigsegg CC8S）是瑞典柯尼赛格汽车公司在 2002 年推出的跑车，2003 年停产，总产量为 6 辆。

柯尼赛格 CC8S 采用碳纤维车身和完全可调的悬架系统，同时也是换挡拨片的先驱。驾驶者可以从驾驶舱调整底盘、空气动力学和制动参数。该车可以将硬质车顶拆卸并存放在前备厢，这在 21 世纪初是一项非常新颖的设计。柯尼赛格 CC8S 流线型的车身，犹如一位优雅的绅士，干净、简约的造型，与同时期其他跑车截然不同。该车蕴含的哲学和美学艺术，为后来的柯尼赛格跑车奠定了坚实的基础。

柯尼赛格 CC8S 的动力核心是一台经过改良的 4.6 升福特 V8 发动机，安装有巨大的中冷器和燃油喷射器，最大功率为 655 马力，在当时创下了最强发动机的吉尼斯世界纪录。

基本参数	
上市时间	2002 年
级别	超级跑车
车身结构	2 门 2 座可拆卸硬顶车
驱动方式	中置后驱
发动机	4.6T 655 马力 V8
变速箱	6 挡手动
长×宽×高（毫米）	4191×1989×1069
轴距	2659 毫米
整备质量	1175 千克
最高车速	390 公里/时
0~100 公里/时加速	3.5 秒

第 3 章 跑 车

 柯尼赛格 CCR

　　柯尼赛格 CCR（Koenigsegg CCR）是瑞典柯尼赛格汽车公司在 2004 年推出的跑车，2006 年停产，总产量为 14 辆。

　　与柯尼赛格 CC8S 相比，柯尼赛格 CCR 拥有升级的悬架、各种改进的空气动力学设计、更大的刹车和更大尺寸的轮胎。风洞试验表明，柯尼赛格 CCR 的空气动力学设计十分出色。由于柯尼赛格 CCR 在外形上很像 C 组赛车，所以驾驶者的视野并不开阔。

基本参数	
上市时间	2004 年
级别	超级跑车
车身结构	2 门 2 座可拆卸硬顶车
驱动方式	中置后驱
发动机	4.7T 806 马力 V8
变速箱	6 挡手动
长×宽×高（毫米）	4191×1989×1069
轴距	2659 毫米
整备质量	1180 千克
最高车速	388 公里/时
0~100 公里/时加速	3.7 秒

　　柯尼赛格 CCR 的内饰设计比较豪华，中控台表面是手感细腻的真皮，空调、CD 音响和电动车窗都是标准配置。由于车身的抗扭刚度很强，柯尼赛格 CCR 可以将车顶拆卸，以敞篷的方式进行巡航。柯尼赛格 CCR 曾经创造了 388 公里/时的速度纪录，打破了迈凯伦 F1 在 1993 年创造的 372 公里/时的速度纪录。

> **小知识：**
> 　　C 组赛车普遍以速度快、强大的动力以及涡轮增压发动机而著称，是勒芒历史上最为鼎盛的组别之一，也是勒芒史上性能与速度最强的一个组别。从 1982 年开赛到 1993 年结束，C 组赛车共举办了 11 年。

柯尼赛格 CCX

柯尼赛格 CCX（Koenigsegg CCX）是瑞典柯尼赛格汽车公司在 2006 年推出的跑车，2010 年停产，总产量为 29 辆。

柯尼赛格 CCX 是在柯尼赛格 CCR 的基础上改进而来，车身和内饰变化较大，且采用了新的前保险杠设计，不仅仅满足美观要求，其他作用也很明显，包括为刹车系统提供足够的冷空气，且为雾灯和示宽灯预留位置。前大灯也稍作修改，以适应新的保险杠。侧裙也可以进一步减少气流流过车身底部，从而为高速行驶增加更多的下压力。

基本参数	
上市时间	2006 年
级别	超级跑车
车身结构	2 门 2 座可拆卸硬顶车
驱动方式	中置后驱
发动机	4.7T 817 马力 V8
变速箱	6 挡手动
长×宽×高(毫米)	4293×1996×1120
轴距	2660 毫米
整备质量	1456 千克
最高车速	395 公里/时
0~100 公里/时加速	3.2 秒

柯尼赛格 CCX 采用碳纤维座椅，车内装饰大量采用真皮材料，还配有皮革地毯。它还采用了双安全气囊，保护驾驶者和乘客的安全。同时客户还可以选装四点赛道安全带。车辆配置的电子系统采用创新的半导体材料，取代了传统的线路和断路器。柯尼赛格 CCX 配备 382 毫米前陶瓷刹车盘搭配八活塞卡钳，362 毫米后刹车盘搭配六活塞卡钳，从 100 公里/时到静止只需滑行 32 米。

柯尼赛格 Agera R

柯尼赛格 Agera R（Koenigsegg Agera R）是瑞典柯尼赛格汽车公司在 2011 年推出的跑车，2014 年停产，限量生产 6 辆。

柯尼赛格 Agera R 是由柯尼赛格 Agera 发展而来，但具有独特的外观造型和技术性能，主要升级包括增大的发动机功率与转速限制，全新的航空排气等。柯尼赛格 Agera R 配备特殊的米其林轮胎和定制的变速箱。车尾搭载中置发动机，自带尾翼。全车采用大量的钛合金复合材料、航空材料打造，车顶可以拆卸。

基本参数	
上市时间	2011 年
级别	超级跑车
车身结构	2 门 2 座可拆卸硬顶车
驱动方式	中置后驱
发动机	5.0T 1140 马力 V8
变速箱	7 挡双离合
长×宽×高(毫米)	4293×1996×1120
轴距	2662 毫米
整备质量	1435 千克
最高车速	375 公里 / 时
0~100 公里 / 时加速	2.8 秒

柯尼赛格 Agera R 搭载 5 升 V8 双涡轮增压发动机，在使用 E85 型燃料时最大功率可达 1140 马力，峰值扭矩为 1200 牛·米。如果使用普通型 95 号汽油燃料，最大功率为 960 马力，峰值扭矩为 1100 牛·米。该车的 0~100 公里 / 时加速时间仅需 2.8 秒，加速至 300 公里 / 时仅需 21.19 秒，理论上的极速可达 443 公里 / 时，不过全部的 Agera 车型均限速在 375 公里 / 时。对于一部超级跑车来说，柯尼赛格 Agera R 是相当省油的，百公里油耗仅为 14.7 升。

柯尼赛格 One:1

柯尼赛格 One:1（Koenigsegg One:1）是瑞典柯尼赛格汽车公司在 2014 年推出的跑车，2016 年停产，限量生产 6 辆。

柯尼赛格 One:1 是基于柯尼赛格 Agera R 重新打造，其命名象征着车辆的推重比是 1∶1。新车外观造型极富运动感，出于极速驾驶的考虑，采用了轻量化设计。柯尼赛格 One:1 采用银色车身辅以黑色线条装饰，加入了很多空气动力学套件，尾部还配备了大尺寸的主动式扰流板。

基本参数	
上市时间	2014 年
级别	超级跑车
车身结构	2 门 2 座可拆卸硬顶车
驱动方式	中置后驱
发动机	5.0T 1360 马力 V8
变速箱	7 挡双离合
长×宽×高（毫米）	4500×2060×1150
轴距	2662 毫米
整备质量	1360 千克
最高车速	450 公里/时
0~100 公里/时加速	2.8 秒

柯尼赛格 One:1 配备了前 19 英寸、后 20 英寸的碳纤维轮毂，与之搭配的是米其林轮胎，能够在高速时为车辆提供充足的下压力。

柯尼赛格 One:1 还升级了后悬架，加入碳纤维组件并采用了主动减振器。据官方测试，该车从静止加速到 400 公里/时仅需 20 秒，极速超过 450 公里/时，使其从 2014 年起取代布加迪威龙成为史上最快量产车。柯尼赛格 One:1 在 400 公里/时速度下的刹车时间在 10 秒内，100 公里/时速度下的刹车距离仅为 28 米。

柯尼赛格统治者

　　柯尼赛格统治者（Koenigsegg Regera）是瑞典柯尼赛格汽车公司在 2016 年推出的跑车，2022 年停产，总产量为 80 辆。

　　柯尼赛格统治者的外形设计可以看作是优雅复古风格与最新空气动力学技术的完美结合。车身有很多空气动力学设计。与柯尼赛格 One:1 不同的是，柯尼赛格统治者并未简单粗暴地加入风刀、大尾翼之类的部件，其外观造型十分规整。车尾设有大型碳纤维扩散器，可以

基本参数	
上市时间	2016 年
级别	超级跑车
车身结构	2 门 2 座可拆卸硬顶车
驱动方式	中置后驱
发动机	5.0T 1115 马力 V8
变速箱	1 挡固定齿比
长×宽×高(毫米)	4560×2050×1110
轴距	2662 毫米
整备质量	1470 千克
最高车速	404 公里/时
0~100 公里/时加速	2.8 秒

增加车辆的下压力。柯尼赛格统治者配备了一个可伸缩尾翼，既有复古优雅气质，也符合空气动力学原理。内饰方面，柯尼赛格统治者使用了全液晶仪表盘及 9 英寸中控屏幕。

　　柯尼赛格统治者搭载了 3 台由英国牛津大学下属的亚萨汽车提供的电动机，其中两台亚萨 750 电动机位于后桥左右半轴，直接驱动车轮。另一台亚萨 400 电动机位于发动机前端，与发动机曲轴相连，用于补充发动机的动力输出、发电、启动发动机以及倒车。柯尼赛格统治者配备了一种全

新的"科尼塞克直接驱动"(KDD)系统。由于对轻量化和高效率的极致追求,KDD系统直接取消了变速箱,也就是说,V8发动机通过一个液压多片离合器直接与固定齿比为2.85的主减速器相连。换言之,这台发动机只有1个挡位可用。

柯尼赛格统治者侧前方视角

柯尼赛格统治者内饰

柯尼赛格 Jesko

柯尼赛格 Jesko（Koenigsegg Jesko）是瑞典柯尼赛格汽车公司在 2021 年推出的跑车，计划生产 125 辆。

柯尼赛格 Jesko 采用全新的车身，设计时考虑了以往车辆的使用经验，同时也考虑到了未来客户的需求。该车的整体式车身采用碳纤维和铝夹层结构，并采用了迪尼玛纤维（一种聚乙烯纤维，能以最小的重量提供最大的强度，其强度比钢材高 15 倍）。新的双轮廓后翼尽量向后放置，以实现最大的下压力和更大的控制力。尾翼呈飞旋镖形状，尽量接近汽车的后曲率，以最大化尾翼的表面积。柯尼赛格 Jesko 的电动座椅可以由客户选择真皮或人造革制成，并提供丰富的颜色和对比度选择。运动型桶形座椅围绕碳纤维座椅壳构建，从而使座椅既轻巧又舒适。

柯尼赛格 Jesko 的发动机是在柯尼赛格 Agera 使用的 5 升 V8 双涡轮增压发动机的基础上研发的，使用普通型 95 号汽油时最大功率为 1298 马力，使用 E85 型燃料时最大功率为 1625 马力。该车配备了自适应主动后转向系统，在车辆低速行驶时可使其转弯速度更快，并有效缩短转弯半径。在车辆高速行驶时可以改善其转弯性能，并提高稳定性。

基本参数	
上市时间	2021 年
级别	超级跑车
车身结构	2 门 2 座可拆卸硬顶车
驱动方式	中置后驱
发动机	5.0T 1625 马力 V8
变速箱	9 挡多离合
长×宽×高（毫米）	4610×2030×1210
轴距	2700 毫米
整备质量	1420 千克
最高车速	480 公里/时
0~100 公里/时加速	2.8 秒

世界汽车鉴赏（珍藏版）

柯尼赛格 Jesko 侧前方视角

柯尼赛格 Jesko 内饰

兰博基尼蝙蝠

兰博基尼蝙蝠（Lamborghini Murcielago）是意大利兰博基尼汽车公司在2001年推出的跑车，2010年停产，总产量为4099辆。该车上市后便成为法拉利在超级跑车领域的劲敌，作为兰博基尼品牌的旗舰车型帮助兰博基尼创造了连续数年的业绩突破。

兰博基尼蝙蝠是兰博基尼被奥迪收购后推出的跑车，由于是奥迪设计师卢克·唐克沃克操刀设计，所以兰博基尼蝙蝠在内饰设计上取得了令人瞩目的提升，摆脱了兰博基尼此前为人诟病的粗糙内饰设计。不过，也引来了外形设计过于保守、与兰博基尼传统相悖的指责。兰博基尼蝙蝠采用了兰博基尼的很多经典设计元素，以展现家族特征。前脸流畅而棱角分明的造型、宽大的进气口、一气呵成延伸至车尾的线条都被保留了下来。

基本参数 (2007年款旗舰版)	
上市时间	2007年
级别	超级跑车
车身结构	2门2座硬顶车
驱动方式	中置四驱
发动机	6.5L 670马力 V12
变速箱	6挡机械式自动
长×宽×高(毫米)	4610×2058×1135
轴距	2665毫米
整备质量	1665千克
最高车速	340公里/时
0~100公里/时加速	3.4秒

兰博基尼盖拉多

兰博基尼盖拉多（Lamborghini Gallardo）是意大利兰博基尼汽车公司在 2003 年推出的中置后驱/四驱跑车，2013 年停产，总产量超过 13000 辆。

与兰博基尼蝙蝠相比，兰博基尼盖拉多的车身更加小巧，并有大量极具力量感的线条，整车就像野兽一般蓄势待发。尺寸较大的前大灯衬托出攻击力十足的前脸。前包围采用刀铲型设计。19 英寸锻造轮毂、打孔刹车碟、六活塞刹车钳，让人充满驾驶欲望。阳刚的尾部，整体扁平的设计配合扰流板和夸张的车型专属碳纤维尾翼，能为车辆提供强大的下压力，让兰博基尼盖拉多在高速时保持稳定和抓地。两个炮筒一样的排气筒能发出高亢的排气声浪。

基本参数 (2012 年款旗舰版)	
上市时间	2011 年 9 月
级别	超级跑车
车身结构	2 门 2 座硬顶车
驱动方式	中置四驱
发动机	5.2L 570 马力 V10
变速箱	6 挡机械式自动
长×宽×高 (毫米)	4386×1900×1165
轴距	2560 毫米
整备质量	1340 千克
最高车速	320 公里/时
0~100 公里/时加速	3.4 秒

兰博基尼盖拉多所使用的发动机全部来自奥迪，起初搭载最大功率为 493 马力的 5 升 V10 发动机，经过不同调校，最大功率可以达到 523 马力。2007 年，奥迪为兰博基尼盖拉多更换了 5.2 升 V10 发动机，根据调校方式不同，最大功率在 550 马力到 570 马力之间，峰值扭矩达到 540 牛·米。高功率的发动机和扭矩使得盖拉多有非常出众的加速性能，在达到 300 公里/时超高速时，车身仍有很好的稳定性和可控性。

兰博基尼雷文顿

兰博基尼雷文顿（Lamborghini Reventon）是意大利兰博基尼汽车公司在 2007 年推出的跑车，2009 年停产，总产量为 36 辆（含 1 辆硬顶原型车和 15 辆敞篷车）。

兰博基尼雷文顿的车身依照美国 F-22 战斗机的风格进行设计，前脸尖嘴式设计在空气动力学上更有利，两侧宽大的方形网格进气口可以为刹车提供更多的低温空气。车身各处笔直的线条勾勒出多个锐角，

基本参数	
上市时间	2007 年
级别	超级跑车
车身结构	2 门 2 座硬顶车
驱动方式	中置四驱
发动机	6.5L 650 马力 V12
变速箱	6 挡机械式自动
长×宽×高(毫米)	4700×2058×1135
轴距	2665 毫米
整备质量	1665 千克
最高车速	340 公里 / 时
0~100 公里 / 时加速	3.4 秒

让整个车身充满运动感。车顶尾部有如战斗机襟翼一般的层次，而 LED 刹车灯令人联想起飞机腹部的信号灯。

兰博基尼雷文顿的中控台以大量皮革进行包覆，同时也使用了碳纤维材质。三幅式方向盘本体以碳纤维打造，再以麂皮进行包覆。该车的仪表盘移植自战斗机仪表设计，有两种显示模式，独有的航空式显示模式让人惊叹。手工打造的真皮座椅也与战斗机座椅相似，让人有种驾控飞机的感觉。

兰博基尼埃文塔多

兰博基尼埃文塔多（Lamborghini Aventador）是意大利兰博基尼汽车公司在 2011 年推出的跑车，2022 年停产，总产量超过 11000 辆。

兰博基尼埃文塔多采用 "Y" 形 LED 日间行车灯，这也是兰博基尼最新的家族式设计。而尾灯同样使用了三组 "Y" 形 LED 光源，与车头互相呼应。前脸的多边形设计极具视觉冲击力，车身侧面造型延续了兰博基尼一如既往的力量感与锋

基本参数	
上市时间	2011 年
级别	超级跑车
车身结构	2 门 2 座硬顶车
驱动方式	中置四驱
发动机	6.5L 700 马力 V12
变速箱	7 挡单离合序列式
长×宽×高(毫米)	4780×2030×1136
轴距	2700 毫米
整备质量	1770 千克
最高车速	350 公里/时
0~100 公里/时加速	2.8 秒

利线条，剪刀门作为兰博基尼的经典特征也得以保留。全车大量采用碳纤维强化材料技术，尤其是全碳纤维复合材料单壳体车身。内饰方面，大量应用的金属材料和直线条六边形设计营造出战斗机座舱般的驾驶氛围。

兰博基尼埃文塔多搭载一台 6.5 升 V12 发动机。这台全新发动机由圣阿加塔 - 博洛涅塞的专业技师手工装配，每一台都要经过专门调校，能够迸发出 700 马力的最大功率，并且能够提供 690 牛·米的峰值扭矩。兰博基尼埃文塔多还配备了自动调节减震器，可以收集路面及车体信息来调节减震器，使得四个车轮始终可以紧贴地面。

兰博基尼第六元素

兰博基尼第六元素（Lamborghini Sesto Elemento）是意大利兰博基尼汽车公司在 2010 年巴黎车展推出的跑车，2012 年停产，总产量为 10 辆。

兰博基尼第六元素采用革命性设计，车身由创新的碳纤维与特殊塑料的混合物打造，底盘几乎完全使用碳纤维材料，而该车之所以起名为"第六元素"，就是因为碳在元素周期表排第六位。该车的整备质量比同级别多数跑车都要轻。兰

基本参数	
上市时间	2010 年
级别	超级跑车
车身结构	2 门 2 座硬顶车
驱动方式	中置四驱
发动机	5.2L 570 马力 V10
变速箱	6 挡机械式自动
长×宽×高（毫米）	4580×2045×1135
轴距	2560 毫米
整备质量	999 千克
最高车速	355 公里/时
0~100 公里/时加速	2.5 秒

博基尼第六元素的外形借鉴了兰博基尼雷文顿的设计理念，用棱角和线条勾勒出极具未来感的轮廓，设计师以三角形为设计语言，车身各处随处可见各种三角形。该车的排气管采用玻璃陶瓷复合材料，能够经受住 900℃的高温考验。

兰博基尼第六元素的配置十分特别，车辆内部只有音响和空调两种功能，其目的是全力减轻车身重量。中控台设计极其简单，除了方向盘包裹了皮质材料，其他部位都是裸露的碳素材料，前挡风玻璃甚至都不是真正的玻璃，而是一块轻质的特殊塑料。

兰博基尼第六元素侧前方视角

兰博基尼第六元素内饰

兰博基尼毒药

兰博基尼毒药（Lamborghini Veneno）是意大利兰博基尼汽车公司在2013年推出的跑车，2014年停产，总产量为13辆（4辆硬顶车和9辆敞篷车）。

兰博基尼毒药最先推出的是硬顶车，分别为红、白、绿三种车身颜色（对应意大利国旗）。后来推出了敞篷车，定制项目更多，车身颜色也更多。

兰博基尼毒药的车身将空气动力学与美学充分融合，配合可调节的尾翼、独一无二的轮毂和极具辨识度的尾灯，即使静止不动也格外引人注目。车身几乎全部由碳纤维增强聚合物制成，每一条线和每一个棱角都能最大限度地减少风阻、增强操控稳定性。发动机舱盖上的竖板有梳理气流的作用，同时可以防止车辆发生事故后翻滚，这种设计的灵感来源于耐力赛车。车尾的设计棱角分明，四根方形的排气筒在中部集中。

基本参数	
上市时间	2013年
级别	超级跑车
车身结构	2门2座硬顶车
驱动方式	中置四驱
发动机	6.5L 750马力 V12
变速箱	7挡机械式自动
长×宽×高（毫米）	5020×2075×1165
轴距	2700毫米
整备质量	1490千克
最高车速	356公里/时
0~100公里/时加速	2.9秒

> **小知识：**
> 兰博基尼毒药的名字来源于西班牙斗牛历史上速度最快的斗牛。1914年，这头斗牛使著名的斗牛士何塞·桑切斯·罗德里格斯在舞台上身受重伤。

兰博基尼毒药侧后方视角

兰博基尼毒药内饰

兰博基尼飓风

兰博基尼飓风（Lamborghini Huracan）是意大利兰博基尼汽车公司在2014年推出的中置后驱/四驱跑车。

兰博基尼飓风低矮的车身、大面积的风挡玻璃、锥形车头以及中置发动机都给人以强烈的震撼。该车拥有狭长的全LED头灯组设计，同时两组日间行车灯带来出色的辨识度。车头前端造型显得格外激进，车鼻线条有意向两边稍微挑起并随之再向两边外扩，最后长出两颗獠牙一般的扰流板，一体化程度极高的设计能够为车头提供更大的下压力。同时从车鼻引出的折线以及发动机舱盖上的两条深线都让车头充满张力。

基本参数 (2018年款旗舰版)	
上市时间	2018年3月
级别	超级跑车
车身结构	2门2座硬顶车
驱动方式	中置四驱
发动机	5.2L 640马力 V10
变速箱	7挡双离合
长×宽×高(毫米)	4459×1924×1165
轴距	2620毫米
整备质量	1422千克
最高车速	325公里/时
0~100公里/时加速	3.1秒

兰博基尼飓风的内饰设计同样是典型的兰博基尼风格，通过大量平直线条的有机结合构成了一个充满战斗氛围的驾驶舱。四个突出的空调出风口非常扎眼，粗壮的方向盘、长长的换挡拨片、红色启动按钮、斗式座椅都令人印象深刻，而且所有按键排列规整、尺寸较大，尽量方便驾驶者操控。通过仪表盘配备的12.3英寸TFT显示屏可以对车辆状态进行实时监控和调整。

兰博基尼百年纪念

兰博基尼百年纪念（Lamborghini Centenario）是意大利公司在 2016 年推出的跑车，2017 年停产，总产量为 40 辆（硬顶车和敞篷车各 20 辆）。

兰博基尼百年纪念的外形充满攻击性，低矮的楔形车身设计保持了兰博基尼经典的设计元素，前脸融入了全新的空气动力学设计。全新的风刀式轮毂和侧裙包围使车辆看起来更加犀利。而车尾造型更加彰显了车辆的攻击性，大尺寸的车底扰流板与后保险杠融为一体，并采用中置三出排气布局，夸张的"Y"形尾灯组贯穿车尾，同时还配有一个主动式扰流板，从而在高速时提供更好的稳定性。内饰方面，兰博基尼百年纪念配备 10.1 英寸中控屏，并支持苹果 CarPlay 系统。

兰博基尼百年纪念搭载源自兰博基尼埃文塔多的 6.5 升 V12 自然吸气发动机，经过调校之后，最大功率有所提升。兰博基尼百年纪念拥有出色的刹车制动性能，从 100 公里/时的速度刹停仅需 30 米距离；当时速为 300 公里/时，仅需 290 米即可刹停。该车还配备了兰博基尼最新的后轮转向系统，可提高低速时的转向灵敏性和高速时的稳定性。

基本参数	
上市时间	2016 年
级别	超级跑车
车身结构	2 门 2 座硬顶车
驱动方式	中置四驱
发动机	6.5L 770 马力 V12
变速箱	7 挡机械式自动
长×宽×高(毫米)	4924×2062×1143
轴距	2700 毫米
整备质量	1570 千克
最高车速	350 公里/时
0~100 公里/时加速	2.8 秒

兰博基尼 Sian FKP 37

兰博基尼 Sian FKP 37（Lamborghini Sian FKP 37）是意大利兰博基尼汽车公司在 2020 年推出的跑车，2022 年停产，限量生产 63 辆硬顶车（以纪念兰博基尼成立的 1963 年）和 19 辆敞篷车。

兰博基尼 Sian FKP 37 的名称是为了纪念大众集团传奇掌门人费迪南德·卡尔·皮耶希，FKP 是他姓名的首字母，37 则是他的出生时间。该车的外形设计灵感来源于兰博基尼历史上的经典跑车——兰博基尼康塔什，内饰设计则是基于兰博基尼埃文塔多，但具有更多的定制项目和更丰富的功能设置。兰博基尼 Sian FKP 37 前脸的倾斜角度比兰博基尼埃文塔多更小更尖细，有一个巨大的"Y"形前大灯。造型更加复杂的是车尾部分，很有层次感。尾灯则是左右各三个单独小车灯，而不是以往一个整体的大尾灯。

基本参数	
上市时间	2020 年
级别	超级跑车
车身结构	2 门 2 座硬顶车
驱动方式	中置四驱
发动机	6.5L 808 马力 V12
变速箱	7 挡机械式自动
长×宽×高（毫米）	4980×2101×1133
轴距	2700 毫米
整备质量	1620 千克
最高车速	350 公里/时
0~100 公里/时加速	2.8 秒

兰博基尼 Sian FKP 37 与兰博基尼埃文塔多基于同一平台打造，也搭载相同的 6.5 升 V12 自然吸气发动机。不过，兰博基尼 Sian FKP 37 的创新之处在于它让 V12 发动机与装在变速箱中的 48V 电动机合作，以提供更快的反应速度和更强的驱动性能。除了采用大众的 48V 轻混动力系统，兰博基尼 Sian FKP 37 还采用了兰博基尼研发的比同类电池强三倍的超级电容器，而非传统的锂离子电池。

兰博基尼 Sian FKP 37 侧前方视角

兰博基尼 Sian FKP 37 内饰

劳斯莱斯曜影

劳斯莱斯曜影（Rolls-Royce Dawn）是英国劳斯莱斯汽车公司在2015年推出的跑车，2022年停产。

劳斯莱斯曜影沿用了劳斯莱斯汽车经典的设计元素，如修长的发动机舱盖、短前悬、长后悬、优雅的锥形车身和高肩线。该车顶篷的设计和制造经过严格仔细的推敲，当车辆巡航速度在55公里/时，只需20秒即可完成织物顶篷的开合操作，并且非常安静。无论顶篷打开或关闭，劳斯莱斯曜影都能为乘客提供宽敞的私人空间。

基本参数 (2018年款旗舰版)	
上市时间	2018年
级别	中高级跑车
车身结构	2门4座软顶敞篷车
驱动方式	前置后驱
发动机	6.6T 601马力 V12
变速箱	8挡手自一体
长×宽×高(毫米)	5295×1947×1506
轴距	3112毫米
整备质量	2640千克
最高车速	250公里/时
0~100公里/时加速	4.9秒

劳斯莱斯曜影的内部空间是其设计美学的完美延续，真皮材质的使用，为座椅塑造出柔和线条，使车内车外浑然一体。内饰本身也独具特色，采用胡桃木和皮革精心打造的驾驶室宽敞舒适，所有的饰板纹理都是左右镜像对称的，劳斯莱斯将一块木材切成左右相邻两块放置两侧，视觉效果非常出色。而劳斯莱斯曜影使用的皮革都源自欧洲高山平原地区，舒适度以及质感绝佳。

劳斯莱斯曜影侧后方视角

劳斯莱斯曜影内饰

雷克萨斯 LFA

雷克萨斯 LFA（Lexus LFA）是日本雷克萨斯汽车公司在 2010 年推出的跑车，2012 年停产。

雷克萨斯 LFA 的车体框架大量采用了一种名为碳纤维增强复合型聚合物的材料，全车的 65% 均使用这种达到航空标准的材料，而剩下的 35% 则以铝合金为主要材料。这种材料可以大幅减轻整车重量，可以比全部使用铝合金为材料减重大约 100 千克，而且刚性极佳。车体组件则以耐用而轻巧的玻璃钢制造，成本比碳纤维增强复合型聚合物更低。其车体也十分重视空气动力学，风阻系数仅为 0.31。内饰方面，雷克萨斯 LFA 使用了碳纤维、皮革、金属以及阿尔坎塔拉等材料。两个桶型赛车座椅附有软垫。内饰的颜色及材料可以自由选择及搭配。仪表盘采用 TFT 数字薄膜晶体管的全数位显示屏，可提供背景颜色及子菜单之间的切换。

雷克萨斯 LFA 搭载一台由丰田集团和山叶株式会社共同开发的 4.8 升 V10 自然吸气发动机，压缩比为 12∶1。其"V"形夹角为 72°，搭配丰田集团的双 VVT-i 可变气门正时系统，可在 8700 转/分时输出 560 马力的最大功率。

基本参数	
上市时间	2010 年
级别	超级跑车
车身结构	2 门 2 座硬顶车
驱动方式	前置后驱
发动机	4.8L 560 马力 V10
变速箱	6 挡序列式
长×宽×高(毫米)	4505×1895×1220
轴距	2605 毫米
整备质量	1480 千克
最高车速	325 公里/时
0~100 公里/时加速	3.7 秒

雷克萨斯 LFA 侧前方视角

雷克萨斯 LFA 内饰

路特斯 Evija

路特斯 Evija（Lotus Evija）是英国路特斯汽车公司在 2020 年推出的纯电动跑车，限量生产 130 辆。Evija 寓意"开创者"，是一个具有路特斯品牌精神的名字。

路特斯 Evija 是路特斯历史上首款采用一体式碳纤维单体壳结构的公路跑车，底盘高度仅为 105 毫米，轮廓分明的肌肉感车身融合了沉降式泪滴状车舱、俯冲式车头。最引人注目的元素，当属贯穿车身后方的扩散器气流通道，除了有利于塑造惊艳外形，这种被称为"孔隙"的设计理念还有助于将气流输送到车尾，继而对抗较低的空气压力，进一步降低风阻，使用气流通道引导气流穿过车身壳体来优化空气动力学。

由于路特斯 Evija 同时拥有超级跑车和纯电动汽车的属性，所以路特斯的设计师团队在其外形设计上更加大胆。据官方声称，该车的设计灵感来自设计伊始阶段团队对于地质形态的研究，那些被自然"雕刻"出的独特而有趣的元素，最终成了路特斯 Evija 极具未来感的线条。

基本参数	
上市时间	2020 年
级别	超级跑车
车身结构	2 门 2 座硬顶车
驱动方式	双电动机四驱
电动机	2000 马力未知类型
变速箱	1 挡固定齿比
长×宽×高（毫米）	4459×2000×1122
轴距	2575 毫米
整备质量	1680 千克
最高车速	420 公里/时
0~100 公里/时加速	2.8 秒

玛莎拉蒂 MC12

玛莎拉蒂 MC12（Maserati MC12）是意大利玛莎拉蒂汽车公司在 2004 年推出的跑车，2005 年停产，总产量为 50 辆。

玛莎拉蒂 MC12 的车身完全是由碳纤维构成，底盘则是由碳纤维和诺梅克斯（Nomex，一种轻质耐高温芳香族聚酰胺）组成的蜂窝夹层结构。底盘下的两个铝质支柱作为辅助装备能够有效地吸收冲力，从而带来更好的安全性能。发动机罩上的曲线经过 6 排巨大的栅栏延伸至车头，那里是经典的三叉戟标志。同时玛莎拉蒂 MC12 的双氙气大灯作为一个组件，是可以拆卸的。车侧的通气孔通道从前轮延伸至后轮，也有助于提升空气动力效率。

玛莎拉蒂 MC12 的内饰是典型的玛莎拉蒂风格，皮革包围着扁平的方向盘，线条讲究的中控台。所有表盘围绕着速度表整齐地展现在驾驶者眼前。中间的椭圆形钟表和蓝色启动按钮，还有布置在钛金色盘面上的各种按钮，更凸显玛莎拉蒂 MC12 的高雅气质。座椅也是由真皮包裹的碳纤维结构座椅。

基本参数	
上市时间	2004 年
级别	超级跑车
车身结构	2 门 2 座可拆卸硬顶车
驱动方式	中置后驱
发动机	6.0L 628 马力 V12
变速箱	6 挡机械式自动
长×宽×高(毫米)	5143×2096×1205
轴距	2800 毫米
整备质量	1497 千克
最高车速	330 公里/时
0~100 公里/时加速	3.8 秒

玛莎拉蒂 MC20

玛莎拉蒂 MC20（Maserati MC20）是意大利玛莎拉蒂汽车公司在 2020 年推出的跑车。MC 是 Maserati Corse （玛莎拉蒂赛车部门）的缩写，数字 20 则代表着 2020 年。

玛莎拉蒂 MC20 采用品质车身材料，并在充分确保舒适性的前提下将碳纤维材料的潜力出色发挥。该车的空气动力学表现出色，其风阻系数低于 0.38，这得益于玛莎拉蒂在达拉拉风洞中进行的超过 2000 个工时的研究，以及超过 1000 次计算流体动力学模拟试验。简洁的车身上部没有明显的空气动力学部件，只有一个低调的后扰流板，用以增加下压力，从而使车辆在任何路况下皆可贴地行驶。

基本参数	
上市时间	2020 年
级别	超级跑车
车身结构	2 门 2 座硬顶车
驱动方式	中置后驱
发动机	3.0T 630 马力 V6
变速箱	8 挡双离合
长×宽×高（毫米）	4669×1965×1224
轴距	2700 毫米
整备质量	1650 千克
最高车速	325 公里/时
0~100 公里/时加速	2.9 秒

玛莎拉蒂 MC20 配备了带有主动减振器的双叉臂悬架系统，前桥和后桥均采用了短轴半虚拟双叉臂布局，确保操纵性和舒适性的同时，带来优秀的性能表现。半虚拟转向可使轮胎与地面的接触面在转弯时保持不变，带来非常高的侧向加速度，且可在任何路况及车速下始终保持纯粹的操纵感。

玛莎拉蒂 MC20 侧前方视角

玛莎拉蒂 MC20 内饰

梅赛德斯 - 奔驰 SL 级

梅赛德斯 - 奔驰 SL 级（Mercedes-Benz SL Class）是德国梅赛德斯 - 奔驰汽车公司在 1954 年推出的前置后驱 / 四驱跑车，并分别于 1963 年（第二代）、1971 年（第三代）、1989 年（第四代）、2001 年（第五代）、2012 年（第六代）、2022 年（第七代）推出了换代车型。SL 是英文 Super Light 的缩写，意为超轻量化。

梅赛德斯 - 奔驰 SL 级第七代车型只会推出 AMG 车型，所以改称梅

基本参数 (2022 年款旗舰版)	
上市时间	2022 年
级别	中高级跑车
车身结构	2 门 4 座软顶敞篷车
驱动方式	前置四驱
发动机	4.0T 816 马力 V8
变速箱	9 挡自动
长×宽×高(毫米)	4705×1915×1359
轴距	2700 毫米
整备质量	1970 千克
最高车速	315 公里 / 时
0~100 公里 / 时加速	3 秒

赛德斯 -AMG SL 级。该车将与梅赛德斯 -AMG GT 一起开发，共享模块化运动架构（MSA）。新车共有 6 种不同版本，从入门版梅赛德斯 -AMG SL43 到旗舰版梅赛德斯 -AMG SL73e 4MATIC+。除了入门版外，其他版本都会搭载 4MATIC 四驱系统。新车的车身轮廓以及一些线条均偏向圆润，使车辆显得稳重而优雅。其内饰设计脱胎于梅赛德斯 - 奔驰 S 级第七代车型，但空调出风口、仪表盘等处都有重新设计。外形和内饰的改动，让梅赛德斯 - 奔驰 SL 级第七代车型的豪华感更强。

梅赛德斯-奔驰 SLR 迈凯伦

梅赛德斯-奔驰 SLR 迈凯伦（Mercedes-Benz SLR McLaren）是梅赛德斯-奔驰汽车公司和迈凯伦汽车公司联合研发的跑车，在 2003—2009 年期间生产，总产量为 2157 辆。

梅赛德斯-奔驰 SLR 迈凯伦不仅借鉴了 F1 赛车的很多设计元素，更将航空和 F1 赛车领域的设计亮点首次运用在量产车上，其中最引人注目的就是其碳纤维打造的车身、车门以及发动机舱盖，这种轻量化材料具有非同寻常的能量吸收能力，可以确保最高标准的乘客安全保护。箭形车头设计源于曾经夺冠的 F1 赛车，其前端包含梅赛德斯-奔驰三叉星标志，并使前保险杠的整体造型显得厚实强健。

梅赛德斯-奔驰 SLR 迈凯伦的内饰设计偏向豪华性和实用性，大量采用了黑红搭配的高级真皮。该车拥有可电动调节的座位、GPS 全球卫星定位、博士音响、电动方向盘调节、左右分区的自动空调，还有前面、侧面、头部和膝部安全气囊等。

基本参数	
上市时间	2003 年
级别	中高级跑车
车身结构	2 门 2 座硬顶车
驱动方式	中置后驱
发动机	5.4T 626 马力 V8
变速箱	5 挡自动
长×宽×高（毫米）	4656×1908.5×1261
轴距	2700 毫米
整备质量	1743 千克
最高车速	334 公里/时
0~100 公里/时加速	3.8 秒

梅赛德斯-奔驰 SLS AMG

梅赛德斯-奔驰 SLS AMG（Mercedes-Benz SLS AMG）是德国梅赛德斯-奔驰汽车公司在2010年推出的跑车，2014年停产。

梅赛德斯-奔驰 SLS AMG 的外形设计参考了1954年上市的梅赛德斯-奔驰 300SL，包括一对鸥翼车门，发动机置于头轴之后，乘坐位置靠近尾轴，属于典型的头长尾短 GT 跑车设计。在经典的复古躯壳下，内饰同样充满了不落俗套的战斗氛围。

基本参数	
上市时间	2010 年
级别	中高级跑车
车身结构	2门2座硬顶车
驱动方式	中置后驱
发动机	6.2L 571 马力 V8
变速箱	7 挡双离合
长×宽×高(毫米)	4638×1939×1252
轴距	2680 毫米
整备质量	1619 千克
最高车速	317 公里/时
0~100 公里/时加速	3.8 秒

开启角度为70°的鸥翼车门非常引人注目，也不会影响乘客进出的便利性。飞机座舱风格的驾驶室内，混合使用了真皮、麂皮、碳纤维和铝合金材质，可选的内饰颜色也有多种。该车的内饰线条比较简单，仪表盘的布局同样简约，中控台部位混合应用了碳纤维和金属材质。

梅赛德斯-奔驰 SLS AMG 搭载梅赛德斯-AMG 研制的 6.2 升 V8 自然吸气发动机，峰值扭矩为 650 牛·米。该车配备格特拉克 7 挡双离合变速箱，与其他高性能双离合变速箱一样，采用前后纵列式布局，整体后置的变速箱通过位于套管保护中的碳纤维传动轴与 V8 发动机连接，最大限度地平衡了前后轴质量分配。

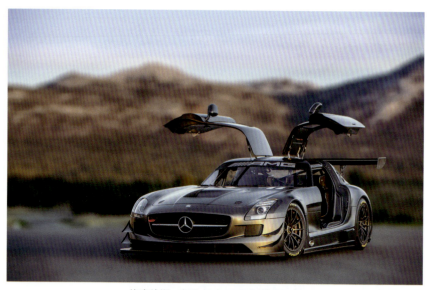

梅赛德斯-奔驰 SLS AMG 侧前方视角

梅赛德斯-奔驰 SLS AMG 内饰

迈凯伦 F1

迈凯伦 F1（McLaren F1）是英国迈凯伦汽车公司在 1992 年推出的跑车，1998 年停产，总产量为 106 辆。

迈凯伦 F1 具有出色的空气动力学设计，车头下方两个进气口里面有两具电脑控制的吸气风扇，可将空气吹向刹车碟以协助冷却，一部分气流从车头灯后方活动板开口排出，一部分气流从前轮后方的大型开口排出，风扇速度加快的时候可产生地面效应，降低车头下方气压

基本参数	
上市时间	1992 年
级别	超级跑车
车身结构	2 门 3 座硬顶车
驱动方式	中置后驱
发动机	6.1L 627 马力 V12
变速箱	6 挡手动
长×宽×高（毫米）	4287×1820×1140
轴距	2718 毫米
整备质量	1138 千克
最高车速	386.5 公里 / 时
0~100 公里 / 时加速	3.2 秒

增加下压力。车门下方的小进气口用于冷却机油与电子装置。前雨刷底部也有小型扰流板，车顶的进气口如同 F1 赛车一样是发动机进气口，后挡风玻璃下方大进气口用于冷却后刹车，其余开口和两组尾灯之间是发动机散热口。车尾上方的扰流版会在刹车时自动升起。

迈凯伦 F1 搭载一台宝马汽车公司专门为其研发的 V12 发动机，该发动机配备了 12 个节气门，这意味着空气几乎立即进入气缸，从而提高了发动机响应速度。另外，气缸间距也只有 3 毫米，实现了超紧凑的设计。铬镍铁合金排气系统还充当后碰撞吸收器，使迈凯伦成为首家将排气系统整合到汽车安全装置中的汽车制造商。

小知识：

迈凯伦 F1 曾经是世界上最快的量产车，最高车速达到 386.5 公里/时，这一纪录直到 2005 年才被打破。

迈凯伦 F1 侧前方视角

迈凯伦 F1 内饰

迈凯伦 P1

迈凯伦 P1（McLaren P1）是英国迈凯伦汽车公司在 2013 年推出的跑车，2015 年停产，总产量为 375 辆。

迈凯轮 P1 的设计理念源自迈凯轮 F1，大量应用空气动力学设计，风阻系数仅为 0.34，在保证空气高速通过的条件下，还能为车身带来很好的下压力，碳纤维面板和后翼能够自动调整。该车拥有修长而低矮的车身、偏长的车尾平台，大尺寸进气口有助于机械系统的散热。同时，整车采用

基本参数	
上市时间	2013 年
级别	超级跑车
车身结构	2 门 2 座硬顶车
驱动方式	中置后驱
发动机	3.8T 737 马力 /V8
变速箱	7 挡双离合
长×宽×高（毫米）	4588×1946×1188
轴距	2670 毫米
整备质量	1395 千克
最高车速	350 公里/时
0~100 公里/时加速	2.8 秒

了被迈凯轮称为"单体笼"的碳纤维车体结构，大幅减轻了车重。但由于"单体笼"的车顶与车身是一个整体，所以迈凯轮 P1 没有敞篷版本。车身上最引人注目的设计是车门侧面巨大的空气入口以及车门顶部的空气入口，后者通过一个特别设计的气流通道，将空气引向车尾扰流翼。

内饰方面，为了让驾驶者集中精力，迈凯伦 P1 采用极简的设计风格、数字化的仪表盘和触摸式的多媒体系统，并且大量采用碳纤维材料。除了中控台之外，座椅同样采用碳纤维包裹，每个座椅的重量仅有 10.5 千克，它的高度可以根据客户的需求自行定制。同时还可以通过调节靠背角度来获取合适的坐姿，另外由于采用了大面积挡风玻璃，迈凯轮 P1 的车内也显得很宽敞。

迈凯伦 570S

迈凯伦 570S（McLaren 570S）是英国迈凯伦汽车公司在 2015 年推出的跑车，2021 年停产。

迈凯伦 570S 的车门采用了碳纤维材料，采用"蝴蝶门"设计风格。复杂而精细的车门不仅令乘客进出更便捷，而且还能引导空气经车身侧面进气口进入散热器。车身两侧巨大的导流口从后翼子板从车门一直伸至前翼子板上。全 LED 光源大灯总成，弯月造型与迈凯伦品牌标志如出一辙，这是从迈凯伦 650S 开始的最新家族设计语言，辨识度很高。车尾线条圆润饱满，散发强烈的力量感。

迈凯伦 570S 的内饰布局十分简洁，悬浮式中控台的多功能按键区采用分层式设计，并且可控制车辆大部分舒适性功能，专为赛车打造的轻量化筒形座椅可将驾驶者牢牢锁在座椅上。整个中控台包满真皮，储物空间也得到大幅扩展。

基本参数	
上市时间	2015 年
级别	中高级跑车
车身结构	2 门 2 座硬顶车
驱动方式	中置后驱
发动机	3.8T 570 马力 V8
变速箱	7 挡双离合
长×宽×高（毫米）	4529×1915×1201
轴距	2670 毫米
整备质量	1356 千克
最高车速	328 公里/时
0~100 公里/时加速	3.2 秒

迈凯伦 650S

迈凯伦 650S（McLaren 650S）是英国迈凯伦汽车公司在 2014 年推出的跑车，2017 年停产。

迈凯伦 650S 是基于迈凯伦 MP4-12C 的平台打造而成，其中有 25% 的零部件是为迈凯伦 650S 特别研制。外观方面，迈凯伦 650S 借鉴了迈凯伦旗下另外两款车型的设计元素，车头部分借鉴了迈凯伦 P1 的造型，而车身侧面以及车尾则延续了迈凯伦 MP4-12C 的风格，例如蝴蝶式车门开启方式，中置的排气管设计，都有所保留。为了保持更好的空气动力学效果，迈凯伦 650S 没有设置传统的门把手，而是采用隐藏式的按钮来打开车门。内饰方面，采用了全黑色的设计，并配有大量的碳纤维材质，整体造型依旧突出了运动感。

迈凯伦 650S 除了具备堪比简化版公路赛车的非凡性能，而且还配备了高端奢华配置。有蓝牙电话、IRIS 卫星导航、无线路由、音频串流播放和语音控制皆为车内标配装置。

基本参数	
上市时间	2014 年
级别	超级跑车
车身结构	2 门 2 座硬顶车
驱动方式	中置后驱
发动机	3.8T 马力 V8
变速箱	7 挡双离合
长×宽×高(毫米)	4511×1895×1199
轴距	2670 毫米
整备质量	1428 千克
最高车速	333 公里 / 时
0~100 公里 / 时加速	3 秒

迈凯伦 720S

迈凯伦 720S（McLaren 720S）是英国迈凯伦汽车公司在 2017 年推出的跑车。

迈凯伦 720S 的前脸造型看上去非常简洁，因为设计师把前大灯和前进气口整合到了一起——前大灯只有一条 LED 灯带，而其下方的开口一直连通到热交换器，可以帮助冷却发动机和传动系统。与大部分跑车不同，迈凯伦 720S 的前大灯用了直立而非曲面的灯罩，点亮后

基本参数	
上市时间	2017 年
级别	超级跑车
车身结构	2 门 2 座硬顶车
驱动方式	中置后驱
发动机	4.0T 720 马力 V8
变速箱	7 挡双离合
长×宽×高（毫米）	4544×1930×1196
轴距	2670 毫米
整备质量	1437 千克
最高车速	341 公里/时
0~100 公里/时加速	2.9 秒

的视觉效果很好。迈凯伦 720S 的车身侧面并没有迈凯伦大部分车型标志性的巨大进气口，不过设计师想出了一个别出心裁的解决办法——将车门拆成两块，制造出一丝缝隙让气流得以通过。它不仅能为主散热器提供充足的冷却气流，还能避免传统大进气口所带来的增加空气阻力的问题。

轻巧的碳纤维单体座舱一直都是迈凯伦跑车的一大卖点，而在迈凯伦 720S 身上，迈凯伦开始运用第二代碳纤维单体座舱结构。经过重新设计的单体座舱不仅拥有更加宽敞的内部空间，方便驾驶者进出，而且重量也进一步减轻。

帕加尼风之子

帕加尼风之子（Pagani Zonda）是意大利帕加尼汽车公司在1999年推出的跑车，2019年停产。

帕加尼风之子外观造型优美，有着很高的辨识度。楔形的车鼻和水滴状的驾驶室，与参加GT耐力赛的车型极为相似。中央一分为二的车尾扰流板，设计极为特别，而且散发出与众不同的美感。有如喷气式战斗机尾喷管的车尾排气筒已经成为帕加尼风之子的典型特征。内饰方面，驾驶者与乘客座椅均是定制的座椅，以提供最佳的支撑。数字化的仪表盘可以提供驾驶者所需的一切重要信息，可以时刻监测车辆某个组件的工作情况。

帕加尼风之子的外形经过风洞测试，其深下颌进气坝、车尾扰流板和气流扩散器，可以在297公里/时的高速时对车身产生500千克的下压力，加上车身比重均匀，帕加尼风之子即使在超过300公里/时的超高时速下，仍然可以四平八稳。

基本参数	
上市时间	1999年
级别	超级跑车
车身结构	2门2座硬顶车
驱动方式	中置后驱
发动机	7.3L 544马力 V12
变速箱	6挡手动
长×宽×高(毫米)	4395×2055×1151
轴距	2730毫米
整备质量	1250千克
最高车速	354公里/时
0~100公里/时加速	3.7秒

帕加尼风之子侧前方视角

帕加尼风之子内饰

帕加尼风神

帕加尼风神（Pagani Huayra）是意大利帕加尼汽车公司在 2012 年推出的跑车。

帕加尼风神引入了主动式空气动力学系统，可切换前端离地高度，并独立控制车辆左前、右前、左后、右后四个襟翼。这四个襟翼的行为由一个从不同系统中（如防抱死制动系统、电子控制单元，可传递车速、车体转向角度、横向加速度、转弯角及油门位置等信息）获取信息的独立控制单元单独控制，旨在根据实际行驶条件达到最小的阻力系数，或者最大的下压力。帕加尼风神的设计师称其阻力系数可在 0.31 至 0.37 间变动。该系统也可以在过弯时抬高"内部"襟翼以抑制过度的车身倾斜，提高该方向的下压力。背部襟翼也充当空气刹车。在重刹车时，前悬架及后襟翼均升起以抵消传递至前轮的力，并保持车身稳定。

帕加尼风神搭载一台特别定制的梅赛德斯-奔驰 M158 型 6 升 V12 双涡轮增压发动机，在 2250～4500 转/分时可产生 1000 牛·米的扭矩。帕加尼风神装有布雷博的制动钳、转子及刹车片以及倍耐力轮胎，可在时速高达 370 公里/时的情况下承受 1.66G 的横向加速度。

基本参数	
上市时间	2012 年
级别	超级跑车
车身结构	2 门 2 座硬顶车
驱动方式	中置后驱
发动机	6.0T 730 马力 V12
变速箱	7 挡单离合序列式
长×宽×高(毫米)	4605×2036×1169
轴距	2795 毫米
整备质量	1350 千克
最高车速	383 公里/时
0~100 公里/时加速	2.8 秒

帕加尼风神侧面视角

帕加尼风神内饰

日产 GT-R

　　日产 GT-R（Nissan GT-R）是日本日产汽车公司在 2007 年推出的跑车。

　　日产 GT-R 的外观造型有别于欧洲跑车，日产汽车公司试图将日本文化融入日产 GT-R 的设计中。该车的外形硬朗，车身线条融入了机动战士高达的设计元素，每道线条都具备导流的效果。日产 GT-R 的内饰线条同样刚硬，方向盘上设有换挡拨片，中控台上方设有一个高科技多功能行车数据显示屏。

基本参数 (2017 年款旗舰版)	
上市时间	2016 年 11 月
级别	超级跑车
车身结构	2 门 4 座硬顶车
驱动方式	前置四驱
发动机	3.8T 555 马力 V6
变速箱	6 挡湿式双离合
长×宽×高(毫米)	4715×1895×1371
轴距	2780 毫米
整备质量	1785 千克
最高车速	315 公里/时
0~100 公里/时加速	2.7 秒

　　日产 GT-R 出自日产 PM 四驱平台，发动机被设计在更为靠后的位置，前后重量比为 53:47，配合 ATTESA E-TS 智能四驱系统，使日产 GT-R 在弯道中有更好的动态表现。日产 GT-R 不追求极轻的重量，而是追求重量和速度的平衡，而它在纽博格林赛道的成绩证明了减轻车重并非增加驾控性能的唯一途径。

> **小知识：**
> 　　2013 年 9 月 30 日，车手迈克尔·克鲁姆在德国莱茵兰 - 普法尔茨州的纽博格林赛道驾驶日产 GT-R 取得 7.8 分钟的成绩，名列第十，比另一款日系高性能跑车雷克萨斯 LFA 的成绩更好，是日系高性能跑车在该赛道取得的最佳成绩。

日产 GT-R 侧面视角

日产 GT-R 内饰

特斯拉 Roadster

特斯拉 Roadster（Tesla Roadster）是美国特斯拉汽车公司在 2017 年发布的纯电动跑车，计划于 2023 年开始交付。

特斯拉 Roadster 采用特斯拉当时最新的家族式设计，车身非常低矮，前大灯组造型相当犀利，内部集成日间行车灯。车头其他部位相当简洁。车身侧面线条流畅，上方车顶可进行拆卸，下方配备大尺寸多幅式熏黑轮毂。车身尾部配备可自动调节角度的电动式尾翼，底部装配大型扩散器。内饰方面，特斯拉 Roadster 配备了巨大的触摸式中控屏。

动力方面，特斯拉 Roadster 配备 200 千瓦时的电池组，搭载 3 台电动机，峰值扭矩达 1000 牛·米，0~100 公里/时加速时间仅需 1.9 秒，最高时速被限制在 400 公里/时。续航方面，特斯拉 Roadster 一次充满电，能够持续行驶 1000 公里。值得一提的是，特斯拉还将为特斯拉 Roadster 提供 SpaceX 选装包。在冷气推进器的加持下，其性能将再次得到提升，0~100 公里/时加速时间仅需 1.1 秒，甚至具备短暂的飞行（离地）能力。

基本参数	
上市时间	2023 年
级别	超级跑车
车身结构	2 门 4 座可拆卸硬顶车
驱动方式	三电动机四驱
电动机	未公布
变速箱	未公布
长×宽×高（毫米）	未公布
轴距	未公布
整备质量	未公布
最高车速	400 公里/时
0~100 公里/时加速	1.9 秒

西尔贝大蜥蜴

西尔贝大蜥蜴（SSC Tuatara）是美国西尔贝汽车公司在 2011 年发布的跑车，2020 年开始生产。

西尔贝大蜥蜴的外形采用了仿生学的设计理念，其设计灵感源于新西兰的一种拥有翅膀的大蜥蜴。完全由碳纤维构成的车身、底盘，使西尔贝大蜥蜴的整备质量大幅减轻。该车也是世界上第一款搭载单体铸造的碳纤维轮毂的量产跑车，每个轮毂仅重 5.9 千克，让西尔贝大蜥蜴的脚步更加轻盈。车尾的直立式尾翼也是令西尔贝大蜥蜴达到惊人速度的元素之一，这种优秀的空气动力学设计同样源于新西兰大蜥蜴。

基本参数	
上市时间	2020 年
级别	超级跑车
车身结构	2 门 2 座硬顶车
驱动方式	中置后驱
发动机	5.9T 1774 马力 V8
变速箱	7 挡机械式自动
长 × 宽 × 高 (毫米)	4633×2605×1067
轴距	2672 毫米
整备质量	1247 千克
最高车速	483 公里 / 时
0~100 公里 / 时加速	2.7 秒

西尔贝大蜥蜴车内的舒适度很好，有高端音响系统、空调系统、电动车窗和可电动调节的赛车式平底方向盘，全液晶仪表盘并没有花哨的 UI 界面，而是直观地显示与驾驶相关的信息。中控台设有大尺寸触控屏，可实现驾驶模式设置以及各种娱乐功能。值得一提的是，西尔贝大蜥蜴配有换挡拨片，并且方向盘上还设有换挡指示灯。

雪佛兰科尔维特

雪佛兰科尔维特（Chevrolet Corvette）是美国雪佛兰汽车公司在 1953 年推出的跑车，并于 1963 年（第二代）、1968 年（第三代）、1984 年（第四代）、1997 年（第五代）、2005 年（第六代）、2014 年（第七代）、2020 年（第八代）推出了换代车型。

基本参数 (2020 年款旗舰版)	
上市时间	2020 年
级别	超级跑车
车身结构	2 门 2 座硬顶车
驱动方式	中置后驱
发动机	6.2L 502 马力 V8
变速箱	8 挡双离合
长 × 宽 × 高（毫米）	4630×1933×1234
轴距	2723 毫米
整备质量	1775 千克
最高车速	300 公里 / 时
0~100 公里 / 时加速	2.9 秒

长久以来，科尔维特被认为是美国跑车的代表之作。它在美式跑车中以操控性能出众著称，这也是科尔维特系列成功的一大原因。因为其相对于欧洲竞争对手出色的性价比，科尔维特在美国的保有率很高。

科尔维特系列跑车早期一直采用前置后驱、2 门 2 座的布局，第八代车型首度采用中置后驱、2 门 2 座的布局。车头的品牌标志也相应进行改变，中间的夹角更小。第八代车型的外形比上一代激进不少，更新后的空气动力学套件更加凶悍，同时更短的前悬架也很好地塑造出了战斗气息。值得一提的是，第八代车型支持车头独立升高，所以通过性没有降低。

雪佛兰科尔维特（第八代车型）侧后方视角

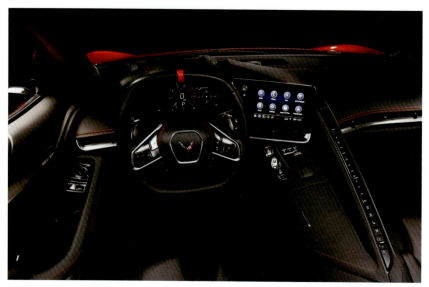

雪佛兰科尔维特（第八代车型）内饰

第3章 跑 车

 雪佛兰科迈罗

雪佛兰科迈罗（Chevrolet Camaro）是美国雪佛兰汽车公司在1967年推出的跑车，并于1970年（第二代）、1982年（第三代）、1993年（第四代）、2010年（第五代）、2016年（第六代）推出了换代车型。

雪佛兰科迈罗第六代车型继承了美式肌肉造型，也融合了雪佛兰全新的设计理念，立体式的进气格栅加上发动机舱盖上的肌肉线条，将美式风格淋漓尽致地展现出来。

基本参数 (2022年款旗舰版)	
上市时间	2022年
级别	小型跑车
车身结构	2门4座硬顶车
驱动方式	前置后驱
发动机	6.2T 马力 V8
变速箱	10挡自动
长×宽×高（毫米）	4783×1897×1321
轴距	2812毫米
整备质量	1760千克
最高车速	319公里/时
0~100公里/时加速	3.5秒

20英寸的铝合金轮毂搭配固特异四级防爆轮胎，有着卓越的抓地能力，并且没有胎噪的形成。车尾造型比前脸更有运动气息，一体式导流尾翼加上双边四出的排气筒，尽显力量感。

第六代车型的内饰设计极具科技感，三幅式多功能方向盘下方的平端设计更显运动。8英寸液晶仪表盘和触控屏在操作时十分方便，24色智能氛围灯营造出赏心悦目的视觉效果。

雪佛兰科迈罗(第六代车型)侧前方视角

雪佛兰科迈罗(第六代车型)内饰

第 4 章　轿跑车

轿跑车通常是指双门轿车，或者外形类似跑车但拥有轿车的乘坐舒适性。轿跑车具备一定程度的性能表现，但不像跑车般严格。本章主要介绍世界主要汽车品牌旗下正在销售的重要车型，同时加入了轿跑车发展史上一些影响力较大的车型。

奥迪 A5

奥迪 A5（Audi A5）是德国奥迪汽车公司在 2007 年推出的前置前驱/四驱轿跑车，并于 2016 年（第二代）推出了换代车型。

奥迪 A5 将奥迪一惯推崇的充满动感的设计、激动人心的动力与操控性能、卓越的制造工艺相结合，是奥迪"突破科技，启迪未来"品牌理念的全新诠释。即使是在静止状态，奥迪 A5 也会给人强烈的运动冲击：宽大的轮距、硕大的车轮和较短的前悬不仅塑造了奥迪 A5 动感的外表，也是奥迪 A5 能够提供出色的驾驶感受的重要因素。

基本参数 (2023 年款旗舰版)	
上市时间	2022 年 9 月
级别	中型轿跑车
车身结构	5 门 5 座掀背车
驱动方式	前置四驱
发动机	2.0T 265 马力 L4
变速箱	7 挡湿式双离合
长×宽×高（毫米）	4765×1843×1364
轴距	2825 毫米
整备质量	1720 千克
最高车速	250 公里/时
0~100 公里/时加速	6.4 秒

奥迪 A5 转向反应精准、方向稳定性出众、操控灵活、驾乘舒适，这归功于奥迪工程师对于汽车行驶机构的全新设计：前轮安装在带上下叉臂的五连杆独立悬架上，叉臂装在一个副车架上，而副车架则被牢牢地固定在车身上，从而增强了坚固性。另一个创新的部件是齿轮齿条式转向器。它位于前轴的前部，靠近轮胎中心线的位置，这种设计可以直接传送转向力，从而提高了汽车操控的灵活性。

第 4 章　轿跑车

奥迪 A5（第二代车型）侧前方视角

奥迪 A5（第二代车型）内饰

奥迪 A7L

奥迪 A7L（Audi A7L）是奥迪 A7 的中国市场衍生车型，后者是德国奥迪汽车公司在 2010 年推出的前置前驱/四驱轿跑车，并于 2018 年（第二代）推出了换代车型。奥迪 A7L 由奥迪总部以及中国区分部联合研发。

奥迪 A7L 一改奥迪 A7 的 5 门 4 座掀背车设计，采用了 4 门 5 座三厢车的车身结构，轴距、车身长度和高度均有所增加，车身宽度保持不变。在外观造型和内饰设计上，奥迪 A7L 与奥迪 A7 并没有太大的区别。奥迪 A7L 在外观造型上力求简约而优美的风格，柔和整洁、富有张力的表面与性格鲜明的轮廓特征。车身造型整体感很强，各元素之间相互呼应。表面处理简洁、硬朗。线条运用精准、流畅，每一处都展现出融合科技与时尚的美学特性。内饰方面，奥迪 A7L 偏重清新淡雅的色调与真实的质感。考究的大面积桃木装饰、金属质感装饰、钢琴漆面板均融汇于流动的线条与表面之中，营造出一种优雅、含蓄、富有内涵的氛围。

基本参数 (2022 年款旗舰版)	
上市时间	2022 年 1 月
级别	中大型轿跑车
车身结构	4 门 5 座三厢车
驱动方式	前置四驱
发动机	3.0T 340 马力 V6
变速箱	7 挡湿式双离合
长×宽×高(毫米)	5076×1908×1429
轴距	3026 毫米
整备质量	2040 千克
最高车速	208 公里/时
0~100 公里/时加速	5.6 秒

第 4 章　轿跑车

奥迪 A7 正后方视角

奥迪 A7L（第二代车型）内饰

宾利欧陆 GT

宾利欧陆 GT（Bentley Continental GT）是英国宾利汽车公司在 2003 年推出的轿跑车，并分别于 2011 年（第二代）、2018 年（第三代）推出了换代车型。

宾利欧陆 GT 第一代车型作为宾利归于大众旗下后的代表作，设计内敛饱满，动力上与奥迪 A8 和大众辉腾的旗舰动力保持一致，都是采用大众集团的 6 升 W12 双涡轮增压发动机。第二代车型旗舰版依然使用 6 升 W12 双涡轮增压发动机，后期还推出了搭载 4 升 V8 双涡轮增压发动机的版本。

基本参数 (2022 年款旗舰版)	
上市时间	2022 年 2 月
级别	中大型轿跑车
车身结构	2 门 4 座软顶敞篷车
驱动方式	前置四驱
发动机	6.0T 635 马力 W12
变速箱	8 挡湿式双离合
长 × 宽 × 高 (毫米)	4850×1954×1399
轴距	2849 毫米
整备质量	2414 千克
最高车速	333 公里 / 时
0~100 公里 / 时加速	3.8 秒

第三代车型基于大众 MSB 平台打造，在保留上一代车型的经典优雅风格基础上，运用了风格鲜明的线条使其更具雕塑感，许多灵感来自于备受好评的宾利 EXP 10 Speed 6 概念车。第三代车型首次采用全铝车身外壳并运用超塑成形技术，整备质量比上一代车型减轻了 80 多千克。这种精密技术将铝材高温加热至 500 摄氏度后进行塑形，让设计师可将更加复杂、鲜明的车身线条以及更丰满、更具雕塑感的后腰肌肉造型的设计构思成为现实。内饰方面，延续了宾利一贯的风格，而客户还可以选择向宾利定制专属于自己的内饰。

第 4 章 轿跑车

宾利欧陆 GT（第三代车型）2 门 4 座硬顶版

宾利欧陆 GT（第三代车型）内饰

保时捷 928

保时捷 928（Porsche 928）是德国保时捷汽车公司于 1977 年推出的轿跑车型，1995 年停产。

保时捷 928 是一款不为大众熟知却极富传奇色彩的车型，世人对它的评价褒贬不一，外形新颖、性能出众的特点是其独有的标签。保时捷 928 采用自动翻转的前大灯，这在当时是一项非常前卫的设计。其后备厢底部平坦，后排座椅靠背可以放倒，置物空间较大。保时捷 928 没有使用传统的后备厢盖，后窗一直延伸到车身尾部。

基本参数 (1995 年款旗舰版)	
上市时间	1995 年
级别	中型轿跑车
车身结构	2 门 4 座掀背车
驱动方式	前置后驱
发动机	5.4L 350 马力 V8
变速箱	4 挡自动
长 × 宽 × 高（毫米）	4524×1890×1282
轴距	2500 毫米
整备质量	1620 千克
最高车速	275 公里 / 时
0~100 公里 / 时加速	6 秒

保时捷 928 根据当时的市场环境采用前置后驱的设计，与保时捷 911 的后置后驱设计大相径庭，发动机为动力强劲的 V8 发动机，有 4.5 升、4.7 升、5 升和 5.4 升四种排量，搭配 3 挡、4 挡自动变速箱或者 5 挡手动变速箱。无论是设计理念还是外观造型，保时捷 928 都优于保时捷 911，然而事与愿违，本应该引爆汽车市场的保时捷 928 最终因为得不到市场的认同而在 1995 年停产。

宝马 4 系

宝马 4 系（BMW 4 Series）是德国宝马汽车公司在 2013 年推出的前置后驱/四驱轿跑车，并于 2020 年（第二代）推出了换代车型。

为了突出宝马 4 系的个性，与宝马 3 系之间有着更多的差异化，宝马设计团队在外形上进行了大胆创新，其中改变最大的就是进气格栅。纵向且尺寸更大的进气格栅，能够带来更高的冷却效率，并且致敬宝马历史上的经典车型。另外，宝马 4 系的前大灯没有了"开眼角"的设计，视觉效果更为流畅自然，而尾灯则变得更沉稳。车身侧面的线条采用断开式设计，前部、后部的线条与中部的线条相隔开，新鲜感和运动感更强。

基本参数 (2022 年款旗舰版)	
上市时间	2022 年 4 月
级别	中型轿跑车
车身结构	2 门 4 座软顶敞篷车
驱动方式	前置后驱
发动机	2.0T 245 马力 L4
变速箱	8 挡手自一体
长×宽×高 (毫米)	4773×1852×1396
轴距	2851 毫米
整备质量	1763 千克
最高车速	250 公里/时
0~100 公里/时加速	6.4 秒

宝马 6 系

宝马 6 系（BMW 6 Series）是德国宝马汽车公司在 1976 年推出的前置后驱/四驱轿跑车，并分别于 2003 年（第二代）、2011 年（第三代）、2017 年（第四代）推出了换代车型。

宝马 6 系第一代车型被部分媒体誉为"世界最美的双门轿跑车"，主要在北美市场销售，搭载 2.8 升、3 升、3.2 升、3.4 升、3.5 升等多种排量的 L6 发动机，匹配采埃孚 3 挡/4 挡自动变速箱，或格特拉克 4 挡/5 挡手动变速箱。第二代车型是以同时期的宝马 5 系作基础研发，搭载 3 升 L6 汽油发动机、4.4 升 V8 汽油发动机、4.8 升 V8 汽油发动机以及 5 升 V10 汽油发动机，其售价与宝马 7 系相当接近，主要市场仍是北美。第三代车型新增 4 门轿车版本，还可选择四轮驱动，搭载 3 升 L6 汽油发动机、4.4 升 V8 汽油发动机和 3 升 L6 涡轮增压柴油发动机。第四代车型仅有 5 门掀背车一种车体，搭载 2 升 L4 涡轮增压汽油发动机以及 3 升 L6 涡轮增压汽油/柴油发动机。

基本参数 (2022 年款旗舰版)	
上市时间	2022 年
级别	中大型轿跑车
车身结构	5 门 5 座掀背车
驱动方式	前置四驱
发动机	3.0L 340 马力 L6
变速箱	8 挡手自一体
长×宽×高（毫米）	5103×1904×1550
轴距	3070 毫米
整备质量	1880 千克
最高车速	245 公里 / 时
0~100 公里 / 时加速	6.7 秒

宝马 8 系

宝马 8 系（BMW 8 Series）是德国宝马汽车公司推出的前置后驱/四驱轿跑车，第一代车型在 1990 — 1999 年间生产，2018 年重新推出第二代车型。

宝马 8 系第二代车型采用宝马家族式的"双肾"进气格栅，采用了更加扁平化的不规则形状，边框与内部直瀑式饰条均采用了高亮银色镀铬。大灯内部采用熏黑处理，双"L"形日间行车灯与上方的灯眉结

基本参数 (2022 年款旗舰版)	
上市时间	2022 年 6 月
级别	大型轿跑车
车身结构	2 门 4 座软顶敞篷车
驱动方式	前置后驱
发动机	3.0T 333 马力 L6
变速箱	8 挡手自一体
长×宽×高(毫米)	4857×1902×1350
轴距	2822 毫米
整备质量	1855 千克
最高车速	250 公里/时
0~100 公里/时加速	5.5 秒

合。远近光大灯均采用 LED 光源，也可选装激光大灯。车身侧面，平滑倾斜的车顶弧线，搭配健硕的车身造型，让侧窗与车厢面积显得很小。腰线一直贯穿到车尾，与尾门上方线条融合。车尾部分，延续了宽大低趴的造型。细长的尾灯造型与车尾融合自然。后保险杠两侧反光板位置，设计了獠牙状导风槽。

内饰方面，宝马 8 系第二代车型采用了与宝马旗下其他车型截然不同的设计理念，"T"形中控结构两侧为对称式设计，中央功能区略向驾驶者一侧倾斜，强调了宝马一贯的操控理念。中控台上方和中央地台两侧，均使用了大量软性材质与皮质包裹，表面还有双缝线工艺点缀。

宝马8系（第二代车型）2门4座硬顶版

宝马8系（第二代车型）内饰

大众尚酷

大众尚酷（Volkswagen Scirocco）是德国大众汽车公司在 1974 年推出的轿跑车，并分别于 1981 年（第二代）、2008 年（第三代）推出了换代车型。

大众尚酷第一代车型由意大利设计 - 乔治亚罗公司负责设计，采用直列 4 缸汽油发动机，排量从 1.1 升到 1.7 升不等，最初匹配 4 挡、5 挡手动变速箱，之后增设 3 挡自动变速箱版本。凭借具有前瞻性的楔形造型及大众第一辆前驱轿跑车的理念，迅速风靡市场。第二代车型依旧采用直列 4 缸汽油发动机，排量从 1.3 升到 1.8 升不等。第三代车型由意大利籍设计师沃尔特·德席尔瓦主持设计，参考了大众高尔夫第五代车型，仍旧采用直列 4 缸汽油发动机，有 1.4 升和 2 升两种排量，同时增加了 2 升 L4 涡轮增压柴油发动机版本。第三代车型拥有低而宽的车身，流畅的侧面线条、宽厚的后轮拱，使其随时保持"向前冲"的姿态。

基本参数 (2015 年款旗舰版)	
上市时间	2014 年 10 月
级别	紧凑型轿跑车
车身结构	3 门 4 座硬顶车
驱动方式	前置前驱
发动机	2.0T 256 马力 L4
变速箱	6 挡湿式双离合
长×宽×高(毫米)	4256×1820×1400
轴距	2578 毫米
整备质量	1445 千克
最高车速	250 公里/时
0~100 公里/时加速	6 秒

大众 CC

  大众 CC（Volkswagen CC）是德国大众汽车公司在 2008 年推出的轿跑车，2017 年停产，之后被大众 Arteon 取代，但在中国市场由一汽大众销售的大众 Arteon 仍然沿用了大众 CC 的名称，其外形、配置与大众 Arteon 国际版稍有不同。

  大众 CC 是由大众帕萨特演变而来，牺牲头部空间和载货空间换取了轿跑车的动感外形。该车采用短前悬、长后悬的设计，侧窗所占整车比例面积较小，重心降低的同时又兼具俯冲的力量感。内饰方面，采用深浅色对比的配色，并大量使用转折线。仪表盘上部、中部以及车门处大量使用软性材质。贯通式出风口设计，下方有嵌入式石英钟。配置方面，有自适应巡航系统、智能泊车辅助系统、平视显示系统、数字液晶仪表、车道保持系统、变道辅助系统等。

基本参数 (2023 年款旗舰版)	
上市时间	2022 年 9 月
级别	中型轿跑车
车身结构	5 门 5 座掀背车
驱动方式	前置前驱
发动机	2.0T 220 马力 L4
变速箱	7 挡湿式双离合
长×宽×高(毫米)	4865×1870×1459
轴距	2841 毫米
整备质量	1650 千克
最高车速	210 公里/时
0~100 公里/时加速	7.7 秒

雷克萨斯 RC

雷克萨斯 RC（Lexus RC）是日本雷克萨斯汽车公司在 2014 年推出的前置后驱 / 四驱轿跑车。根据雷克萨斯汽车公司的说法，RC 代表"Radical Coupe"（激进的轿跑车）。

雷克萨斯 RC 的外观造型采用了雷克萨斯 LF-LC 和雷克萨斯 LF-CC 两款概念车的设计元素，而后车灯则和雷克萨斯 LF-Gh 概念车相似。雷克萨斯 RC 有 9 款车身颜色可供选择，以满足客户对个性化的追求。

基本参数(2019 年款旗舰版)	
上市时间	2018 年 11 月
级别	紧凑型轿跑车
车身结构	2 门 4 座硬顶车
驱动方式	前置后驱
发动机	2.0T 245 马力 L4
变速箱	8 挡手自一体
长 × 宽 × 高（毫米）	4705×1840×1395
轴距	2730 毫米
整备质量	1700 千克
最高车速	230 公里 / 时
0~100 公里 / 时加速	7.5 秒

内饰部分，与同时期的雷克萨斯 IS 相似，主要是时钟造型做了少许改变，并增加了 LED 氛围灯。

雷克萨斯 RC 全系标配具有行人检测功能的碰撞预警系统、变道辅助系统、后方盲点监测、高速动态雷达巡航控制系统、智能远近光灯、带转向辅助的车道偏离警报等丰富配置，大幅提升了车辆的安全性能以及驾驶便捷性。

小知识：

雷克萨斯汽车公司还推出了雷克萨斯 RC 的高性能版本，命名为雷克萨斯 RC F，其车身后方设有电动尾翼，当车速高于 80 公里 / 时会自动升起，且在车速低于 40 公里 / 时会自动收回。

雷克萨斯 LC

雷克萨斯 LC（Lexus LC）是日本雷克萨斯汽车公司在 2017 年推出的轿跑车。根据雷克萨斯汽车公司的说法，LC 代表"Luxury Coupe"（豪华轿跑车）。

雷克萨斯 LC 应用了雷克萨斯研发 LFA 跑车时所积累的技术。从外形设计来看，雷克萨斯 LC 与欧洲轿跑车的简洁风格截然不同，讲究东方风格的雅致和韵律。刀锋式的 C 柱线条，灵感源于战斗机发动机的后尾灯设计，都有着较高的辨识度。部分车型配备主动式尾翼，增加下压力，在高速和弯道行驶中更具稳定性。

雷克萨斯 LC 配备了预碰撞安全系统，该系统会实时探测并分析前方车辆，当系统判断有可能发生碰撞时，则会发出警报声，如果此时驾驶者施加制动，该系统会提供额外的制动力辅助刹车。若系统最终判断碰撞概率较高或碰撞不可避免时，则主动制动以降低碰撞风险，极大限度地减轻撞击所造成的损伤。

基本参数 (2021 年款旗舰版)	
上市时间	2021 年 6 月
级别	紧凑型轿跑车
车身结构	2 门 4 座硬顶车
驱动方式	前置后驱
发动机	3.5L 299 马力 V6
变速箱	E-CVT 无级变速
长×宽×高 (毫米)	4770×1920×1345
轴距	2870 毫米
整备质量	2025 千克
最高车速	250 公里 / 时
0~100 公里 / 时加速	5 秒

第 4 章　轿跑车

雷克萨斯 LC 侧后方视角

雷克萨斯 LC 内饰

劳斯莱斯魅影

劳斯莱斯魅影（Rolls-Royce Wraith）是英国劳斯莱斯汽车公司在 2013 年推出的轿跑车。

魅影是基于古斯特打造的双门轿跑车，车身更短，是目前劳斯劳斯推出的最具运动风格的车型。魅影的前脸采用与古思特相同的设计，仅改动了部分细节。车尾增加的镀铬排气口和轿跑式的车尾线条，增强了运动感。此外，后备厢盖的装饰条变得更窄，侧面的轮眉也更宽更突出。车身侧面线条设计极为动感，溜背造型非常流畅，一改劳斯劳斯庄重的风格。魅影的前排座椅两侧凸起较大，真皮包裹的座椅填充柔软，除了侧向支撑功能外，座椅均可八向电动调节位置，调节按钮也有镀铬装饰，凸显精致感。

魅影采用钢制承载式车身，即底盘和车身之间不分离。该结构的优势在于减小外部尺寸的同时尽可能扩大内部空间。得益于一系列电子驾驶辅助系统，魅影能够在任何路面平稳行驶。这些系统包括防侧倾稳定器、动态稳定控制器（动态牵引控制、转向制动控制及动态制动控制）等。

基本参数 (2018 年款旗舰版)	
上市时间	2018 年
级别	大型轿跑车
车身结构	2 门 4 座硬顶车
驱动方式	前置后驱
发动机	6.6T 632 马力 V12
变速箱	8 挡手自一体
长 × 宽 × 高 (毫米)	5285×1947×1507
轴距	3112 毫米
整备质量	2440 千克
最高车速	250 公里 / 时
0~100 公里 / 时加速	4.5 秒

第 4 章 轿跑车

劳斯莱斯魅影侧面视角

劳斯莱斯魅影内饰

梅赛德斯-奔驰 CLS 级

梅赛德斯-奔驰CLS级（Mercedes-Benz CLS Class）是德国梅赛德斯-奔驰汽车公司在2004年推出的前置后驱/四驱轿跑车，并分别于2010年（第二代）、2018年（第三代）推出了换代车型。

基本参数 (2023年款旗舰版)	
上市时间	2022年10月
级别	中大型轿跑车
车身结构	4门5座三厢车
驱动方式	前置四驱
发动机	2.0T 299马力 L4
变速箱	9挡手自一体
长×宽×高(毫米)	4996×1896×1438
轴距	2939毫米
整备质量	1857千克
最高车速	250公里/时
0~100公里/时加速	6.2秒

梅赛德斯-奔驰CLS级第一代车型是以梅赛德斯-奔驰E级第三代车型的前置发动机、后轮驱动底盘为基础，加长约152毫米的轴距之后修改而来。虽然同样采用4门4座的配置，但却拥有比较接近一般轿跑车（2门4座）的流线、跑车风格外形与低矮的车顶。第二代车型延续了第一代车型的产品特色（轿车的车体搭配轿跑车的外形），但为了配合梅赛德斯-奔驰新的外形设计趋势，外观造型变得更硬朗。除了4门轿跑车外，还衍生出5门旅行车。第三代车型没有延续第二代车型的设计风格，在同时借鉴概念车F800与经典老爷车300SL的诸多元素后，宽大高耸的车头带来了更加硬朗的视觉效果，而车身侧面线条在遵循第二代车型优雅弧线的同时，融入了更多运动元素。

梅赛德斯-奔驰CLS级（第三代车型）侧前方视角

梅赛德斯-奔驰CLS级（第三代车型）内饰

梅赛德斯-奔驰 CLA 级

梅赛德斯-奔驰 CLA 级（Mercedes-Benz CLA Class）是德国梅赛德斯-奔驰汽车公司在 2013 年推出的前置前驱/四驱轿跑车，并于 2019 年（第二代）推出了换代车型。

虽然梅赛德斯-奔驰 CLA 级在价格和配置方面都低于梅赛德斯-奔驰 C 级，但车身长度和宽度略大于后者，而车身高度略小于后者。因此在外形上，梅赛德斯-奔驰 CLA 级会显得更修长。其大尺寸进气格栅采用金属网状布局，一条贯通格栅的镀铬饰条增强了整车的运动气息。车尾部分的运动化包围相当独特，突出的尾箱起到了扰流板的作用。

梅赛德斯-奔驰 CLA 级的内饰非常年轻化，中控台操作区显得非常简洁。三辐式运动方向盘、"X"形空调出风口、分离式的显示屏以及全新设计的仪表盘都让人耳目一新。而在座椅部分也有两个版本可选，高配车型的运动化座椅包裹性更好，同时也会有更多运动化的装饰。

基本参数 (2023 年款旗舰版)	
上市时间	2022 年 10 月
级别	紧凑型轿跑车
车身结构	4 门 5 座三厢车
驱动方式	前置四驱
发动机	2.0T 224 马力 L4
变速箱	7 挡湿式双离合
长×宽×高(毫米)	4692×1830×1422
轴距	2729 毫米
整备质量	1577 千克
最高车速	245 公里/时
0~100 公里/时加速	6.6 秒

梅赛德斯-奔驰CLA级(第二代车型)

梅赛德斯-奔驰CLA级(第二代车型)内饰

马自达 RX-8

马自达 RX-8（Mazda RX-8）是日本马自达汽车公司在 2003 年推出的轿跑车，2008 年进行中期改款，2012 年停产。

马自达 RX-8 是前中置发动机、后轮驱动的轿跑车，发动机安装在前轴后方，油箱安装在后轴前方，这种配置方式达到了 52:48 的车重分配。前轮采传统双叉臂悬架系统，后轮则为每边各有五连杆的多连杆悬架系统。除了双转子发动机外，

基本参数（2008 年款旗舰版）	
上市时间	2008 年
级别	紧凑型轿跑车
车身结构	4 门 4 座硬顶车
驱动方式	前中置后驱
发动机	1.3L 231 马力 R2
变速箱	6 挡手动
长×宽×高（毫米）	4460×1770×1340
轴距	2703 毫米
整备质量	1406 千克
最高车速	236 公里/时
0~100 公里/时加速	6.4 秒

它的"2+2"座椅和双门对开式车门也极富特色。为了增加实用性，设计师刻意在驾驶座之后增加第二排座椅，让喜爱驾驶乐趣却有小家庭的车主可以容纳更多乘员。由于增加第二排座椅，故采用中间没有 B 柱设计的双门对开式车门。

小知识：

2011 年，由于马自达 RX-8 已经进入产品生命周期的衰退期，销售量节节下降，加上无法通过更严苛的欧盟地区汽车废气排放标准，马自达汽车公司在 2011 年 10 月宣布自 2012 年 6 月起停产。马自达 RX-8 停产后，世界上便暂时没有了以转子发动机作为动力来源的量产车型。

第 5 章　运动型多用途车

　　运动型多用途车（Sport Utility Vehicle，SUV）是一种兼具轿车舒适性和越野车通过性的车型，主要特点是动力充沛、空间宽敞、越野能力强，具有良好的载人、载货能力。本章主要介绍世界主要汽车品牌旗下正在销售的重要车型，同时加入了 SUV 发展史上一些影响力较大的车型。

阿斯顿·马丁 DBX

阿斯顿·马丁 DBX（Aston Martin DBX）是英国阿斯顿·马丁汽车公司在 2020 年推出的 SUV。

阿斯顿·马丁 DBX 的前脸采用了阿斯顿·马丁标志性的"大嘴式"进气格栅，配合两侧犀利的前大灯组以及下方环形日间行车灯，具有极高的辨识度。该车的内饰设计堪称奢华，厂家可以给客户提供三个不同等级的真皮材质，还可以选择羊毛毡作为内饰材质。此外，还有碳纤维、时尚木纹、天然亚麻织物等饰板可供选择。阿斯顿·马丁 DBX 搭载了 12.3 寸全液晶仪表盘以及 10.25 寸液晶中控屏，两块高清液晶屏幕大幅提升了科技感。驾驶舱内还提供了 64 色的氛围灯，与奢华内饰交相辉映。

阿斯顿·马丁 DBX 配备带有主动式中央分动箱与电控后桥限滑差速器的全时四驱系统，加上三腔室空气弹簧、自适应可调阻尼避震、48V 电控主动式防倾杆等装置，可从容应对各种路况。

基本参数 (2023 年款旗舰版)	
上市时间	2022 年 3 月
级别	中大型 SUV
车身结构	5 门 5 座 SUV
驱动方式	前置四驱
发动机	4.0T 707 马力 V8
变速箱	9 挡手自一体
长×宽×高（毫米）	5039×1998×1680
轴距	3060 毫米
整备质量	2245 千克
最高车速	310 公里/时
0~100 公里/时加速	3.3 秒

第 5 章 运动型多用途车

阿斯顿·马丁 DBX 侧后方视角

阿斯顿·马丁 DBX 内饰

阿尔法·罗密欧斯坦维

阿尔法·罗密欧斯坦维（Alfa Romeo Stelvio）是意大利阿尔法·罗密欧汽车在2016年推出的前置后驱/四驱SUV。

斯坦维有着典型的阿尔法·罗密欧特征，最引人注目的就是经典的倒三角进气格栅，辨识度很高。车身侧面造型则是典型的运动型SUV，从B柱开始线条逐渐收紧，并且前后翼子板带有类似肌肉线条的设计。车尾比较饱满，LED尾灯上方的线条呈现出动感和硬朗的一面。两个带有装饰作用的排气管，颇具视觉冲击力。斯坦维的内饰没有复杂的线条，操作面板的布局也很简单。该车采用7英寸TFT组合仪表板设计，中央彩色显示屏可动态显示丰富的车辆信息。嵌入式的8.8英寸中控屏具有较强的设计感。

斯坦维全系标配了运用于赛车的碳纤维传动轴，进一步助力整车轻量化，并有效提升加速度。此外，全铝悬架系统可确保良好的驾驶体验和优异的操控性。前悬架包括双叉臂悬架和半虚拟转向轴，即使在弯道上，也能使车轮与路面保持垂直。后悬架及其多连杆系统确保车辆在崎岖路面上的横向抓地力和舒适性都能达到最佳状态。

基本参数 (2022年款旗舰版)	
上市时间	2022年9月
级别	中型SUV
车身结构	5门5座SUV
驱动方式	前置四驱
发动机	2.9T 510马力V6
变速箱	8挡手自一体
长×宽×高(毫米)	4702×1955×1697
轴距	2818毫米
整备质量	1995千克
最高车速	283公里/时
0~100公里/时加速	3.8秒

第 5 章　运动型多用途车

阿尔法·罗密欧斯坦维侧面视角

阿尔法·罗密欧斯坦维内饰

奥迪 Q5L

奥迪 Q5L（Audi Q5L）是奥迪 Q5 的中国市场衍生车型，后者是德国奥迪汽车公司在 2008 年推出的 SUV，并于 2017 年（第二代）推出了换代车型。

与欧洲版相比，奥迪 Q5L 的主要变化是轴距、车身长度和高度有所增加。奥迪 Q5L 的前脸棱角分明，六边形进气格栅和前大灯采用奥迪最新的家族式设计，辨识度较高。尾灯采用奥迪最新 LED 照明技术，均匀的光带效果不仅极富科技感，其出色的可视性也为后车提供了清晰的警示，最大限度地确保夜间行车安全。

内饰方面，奥迪 Q5L 提供了 10 多种颜色组合，并有石英漆岩石灰饰条、玫瑰红漆饰条、天然棕色亚光蜡木饰条、自然灰色亚光橡木饰条、斜纹银色铝饰条、拉丝铝亚光饰条、黑色钢琴漆饰条等多种内饰条供客户选择。奥迪 Q5L 的后备厢容积为 550 升，后排座椅支持"4-2-4"放倒，后排座椅放倒后的后备厢容积超过 1600 升。

基本参数 (2022 年款旗舰版)	
上市时间	2022 年 6 月
级别	中型 SUV
车身结构	5 门 5 座 SUV
驱动方式	前置四驱
发动机	2.0T 252 马力 L4
变速箱	7 挡湿式双离合
长×宽×高(毫米)	4770×1893×1667
轴距	2907 毫米
整备质量	1850 千克
最高车速	230 公里/时
0~100 公里/时加速	6.9 秒

第 5 章　运动型多用途车

奥迪 Q7

奥迪 Q7（Audi Q7）是德国奥迪汽车公司在 2005 年推出的 SUV，并于 2015 年（第二代）推出了换代车型。

奥迪 Q7 第二代车型基于大众集团 MLB Evo 平台打造，车身采用多项轻量化技术和铝合金材质，整体减重超过 300 千克，使整车效能进一步提升。该车采用简单的线条勾勒出饱满、时尚的外形，给人一种厚重扎实的感觉。硕大的六边形镀铬格栅，具有很强的视觉冲击力。

基本参数 (2023 年款旗舰版)	
上市时间	2022 年 11 月
级别	中大型 SUV
车身结构	5 门 5 座 SUV
驱动方式	前置四驱
发动机	3.0T 340 马力 V6
变速箱	8 挡手自一体
长 × 宽 × 高（毫米）	5052×1968×1741
轴距	2999 毫米
整备质量	2250 千克
最高车速	250 公里 / 时
0~100 公里 / 时加速	5.9 秒

日间行车灯、尾灯和转向灯都采用 LED 线条造型。

奥迪 Q7 第二代车型的内饰材质高档、做工精细，中控台的功能按键排列有序，在排挡杆的周边，布置了 MMI 多媒体交互系统和一键启动按钮，体现出奥迪崇尚科技的一面。虽然奥迪 Q7 第二代车型的整体尺寸相比第一代车型有所减小，但得益于内部空间的优化，乘坐空间并未缩水，后备厢容积和拓展能力也相当出色。该车全系标配 8 挡手自一体变速箱以及 Quattro 全时四驱系统。入门车型没有配备空气悬架，所以在乘坐舒适性方面不及中高配车型。

奥迪 Q8

奥迪 Q8（Audi Q8）是德国奥迪汽车公司在 2018 年推出的 SUV。

奥迪 Q8 车顶的宽线条、与众不同的高车身平面以及扁平的风窗区域都显示出极具个性的奥迪特点。大尺寸八边形进气格栅与坚毅的矩阵式 LED 大灯组塑造出奥迪 Q8 不怒自威的形象。车身前部动感蜿蜒的曲线，有力的尾部设计，加上急剧倾斜的 D 柱，大大提升了车辆的时尚感。内饰方面，奥迪 Q8 采用了奥迪全新的家族化设计，略微向驾驶者倾斜的斜度设计与多种几何直线元素共同塑造了富有现代工业气息的中控面板。在材质的选择上，奥迪 Q8 拥有丰富的搭配组合。客户可以选择优雅端庄的实木面板，也可以选择充满工业气息的铝合金面板，或者彰显运动气息的碳纤维材质。

奥迪 Q8 将运动性、功能性、高科技和豪华品质巧妙地融为一体。带有连续可变阻尼控制的四角形空气悬架系统，解决了豪华汽车卓越操控性与悬架舒适性之间一直存在的矛盾冲突。

基本参数 (2022 年款旗舰版)	
上市时间	2021 年 11 月
级别	中大型 SUV
车身结构	5 门 5 座 SUV
驱动方式	前置四驱
发动机	3.0T 340 马力 V6
变速箱	8 挡手自一体
长×宽×高(毫米)	5006×1995×1695
轴距	2998 毫米
整备质量	2260 千克
最高车速	250 公里/时
0~100 公里/时加速	6.2 秒

第 5 章　运动型多用途车

奥迪 Q8 侧前方视角

奥迪 Q8 内饰

宾利添越

宾利添越（Bentley Bentayga）是英国宾利汽车公司在 2015 年推出的 SUV。

宾利添越的外观造型采用宾利最新的家族式设计，具有较高的辨识度，而在部分细节上，它采用了宾利 EXP 9 F 概念车的一些设计灵感，使之看来更加精致。内饰方面，延续了宾利的奢华风格，从里到外均采用手工木质与皮革材料，整体呈飞翼式布局。在功能区设计上，

基本参数 (2023 年款旗舰版)	
上市时间	2022 年 11 月
级别	中大型 SUV
车身结构	5 门 5 座 SUV
驱动方式	前置四驱
发动机	4.0T 550 马力 V8
变速箱	8 挡手自一体
长 × 宽 × 高 (毫米)	5305×2222×1739
轴距	3175 毫米
整备质量	2514 千克
最高车速	290 公里 / 时
0~100 公里 / 时加速	4.6 秒

宾利添越采用传统布局，虽然造型并不抢眼，但是操作非常方便。宾利添越有 4 座和 5 座两种座椅布局，其座椅均采用上等牛皮缝制，并拥有至少 15 种配色方案供客户选择。前后排座椅均配有按摩、加热、通风功能。后排配备宾利娱乐平板电脑，拥有 10.2 英寸的触摸显示屏。

宾利添越提供多达 8 种公路与越野驾驶模式，将宾利原汁原味的奢华和性能展现得淋漓尽致。该车不仅能在铺装道路上疾驰，也能在各种野外路况下行驶，即使纵横倾角达 35°的严苛地形，也能轻松翻越。

第 5 章　运动型多用途车

宾利添越侧面视角

宾利添越内饰

保时捷卡宴

保时捷卡宴（Porsche Cayenne）是德国保时捷汽车公司在 2002 年推出的 SUV，并分别于 2010 年（第二代）、2017 年（第三代）推出了换代车型。

保时捷汽车公司以生产跑车著称，保时捷卡宴虽然是 SUV，也不可避免地带有一些跑车的特质。该车的外形时尚动感，整体线条较为完整、流畅且运动气息较浓。与上一代车型相比，第三代车型增添了很多新鲜设计元素，例如修改后的轮拱线条与更低伸的前保险杠相结合，整体造型更加紧凑动感。前脸进气格栅样式换新，采用三横幅贯穿式设计。车身侧面，通过更加突出雕刻感的腰线强化了车辆的力量感。尾灯组采用全新造型，由一条 LED 灯带贯穿整个车尾。

第三代车型采用全新的内饰设计，在仪表盘两侧各配有一块 7 英寸高清显示屏，中控台配备一块搭载新一代保时捷通信管理系统的 12.3 英寸高清触控显示屏。此外，行李厢容量由上一代车型的 670 升增加到 770 升。

基本参数 (2023 年款旗舰版)	
上市时间	2022 年 4 月
级别	中大型 SUV
车身结构	5 门 4 座 SUV
驱动方式	前置四驱
发动机	4.0T 641 马力 V8
变速箱	8 挡手自一体
长 × 宽 × 高 (毫米)	4942×1995×1636
轴距	2895 毫米
整备质量	2265 千克
最高车速	300 公里 / 时
0~100 公里 / 时加速	3.3 秒

第 5 章 运动型多用途车

保时捷卡宴(第三代车型)侧后方视角

保时捷卡宴(第三代车型)内饰

保时捷玛卡

保时捷玛卡（Porsche Macan）是德国保时捷汽车公司在 2014 年推出的 SUV。

保时捷玛卡是保时捷的入门级 SUV，定位低于保时捷卡宴，与奥迪 Q5 一样出自大众集团 MLB 平台。保时捷玛卡采用梯形进气格栅，格栅两侧有大尺寸进气口，使其前脸看起来非常大气。反光镜与车门连接处采用了镂空式设计。

基本参数 (2023 年款旗舰版)	
上市时间	2022 年 4 月
级别	中型 SUV
车身结构	5 门 5 座 SUV
驱动方式	前置四驱
发动机	2.9T 441 马力 V6
变速箱	7 挡湿式双离合
长×宽×高（毫米）	4726×1927×1596
轴距	2807 毫米
整备质量	2023 千克
最高车速	272 公里/时
0~100 公里/时加速	4.5 秒

保时捷玛卡的内饰设计非常精致，融入了保时捷卡宴、保时捷帕拉梅拉两款车型的部分内饰设计元素，具有明显的保时捷家族式风格。保时捷玛卡的中控台设计跟保时捷卡宴极为相似，竖式布置的空调出风口位于中央显示屏两侧，整个中控台给人厚实、大气的印象。此外，保时捷玛卡还采用了偏向运动的三辐式方向盘，而变速箱挡把两侧的按键功能也相当齐全。保时捷玛卡的动力系统是从奥迪 Q5 移植而来，但调校有所提升。

第 5 章　运动型多用途车

宝马 X4

基本参数 (2022 年款旗舰版)	
上市时间	2022 年 5 月
级别	中型 SUV
车身结构	5 门 5 座 SUV
驱动方式	前置四驱
发动机	3.0T 333 马力 L6
变速箱	8 挡手自一体
长×宽×高(毫米)	4762×1926×1632
轴距	2864 毫米
整备质量	1940 千克
最高车速	250 公里/时
0~100 公里/时加速	5.2 秒

宝马 X4（BMW X4）是德国宝马汽车公司在 2014 年推出的 SUV，并于 2018 年（第二代）推出了换代车型。

宝马 X4 的外形设计受到了宝马 X6 的影响，两者的基本轮廓相似，尺寸比例相近，都有一个竖直的车头、巨大的轮拱、高高的腰线、浅浅的座舱以及一个近乎垂直的尾部。宝马 X4 的"双肾"进气格栅辨识度十足，配合银色的镀铬饰条，显得非常精致。内饰方面，宝马 X4 采用宝马家族式设计，豪华氛围浓郁，加上银色饰条装点，让内饰不会过于单调。中控台采用非对称式设计，进一步提升了感官体验。

宝马 X4 搭载 2 升 L4 涡轮增压发动机和 3 升 L6 涡轮增压发动机，两款发动机均有柴油版本。各个车型均配备采埃孚 8 挡手自一体变速箱以及独特的 xDrive 全轮驱动系统。

宝马X5

宝马X5（BMW X5）是德国宝马汽车公司在1999年推出的前置后驱/四驱SUV，并分别于2006年（第二代）、2014年（第三代）、2019年（第四代）推出了换代车型。该车在中国市场由华晨宝马汽车公司负责生产和销售。

与欧洲版相比，华晨宝马汽车公司生产的宝马X5不仅加长了轴距，车身长度和高度也有所增加。在外观造型和内饰设计上，两者并没有太大的区别。第四代车型采用大尺寸的"双肾"进气格栅，纵向尺寸较上一代车型有所增加，多了几分棱角分明的感觉。车身侧面线条较为平直，车顶线条、腰线等都没有刻意追求俯冲感，符合中大型SUV应有的形象，而上下双腰线的设计也让车辆从侧面看上去不会太过平淡。车尾设计追求简约，两侧扁平的多边形LED尾灯组与前大灯相呼应，并由中央镀铬饰条相贯通，提升了美感。

内饰方面，略微偏向驾驶者一侧的中控台体现了"以驾驶者为中心"的设计原则，全液晶仪表配合12.3英寸中控液晶显示屏，带来出色的交互体验。空调控制区所配备的独立显示器很有特色，玻璃材质的电子排挡杆也显著提升了豪华感。

基本参数(2022年款旗舰版)	
上市时间	2022年8月
级别	中大型SUV
车身结构	5门5座SUV
驱动方式	前置四驱
发动机	3.0T 333马力 L6
变速箱	8挡手自一体
长×宽×高(毫米)	5060×2004×1779
轴距	3105毫米
整备质量	2225千克
最高车速	238公里/时
0~100公里/时加速	6秒

宝马 X6

宝马 X6（BMW X6）是德国宝马汽车公司在 2007 年推出的 SUV，并分别于 2015 年（第二代）、2020 年（第三代）推出了换代车型。

宝马 X6 第三代车型拥有高挑的车身、较大的离地间隙，腰线以下部分与宝马 X5 第四代车型有几分相似，而腰线以上部分则很像轿跑车，有着漂亮的车顶曲线、低矮的车窗设计以及紧收的 C 柱。通过巧妙的组合，宝马成功地将 SUV 和轿跑车的设计融合在一起。大尺寸的"双肾"进气格栅、炫目的天使眼大灯以及雾灯处的进气口，都为车头设计增色不少。宝马 X6 的内饰设计也与宝马 X5 相似，在保留宝马 X5 绝大多数的设计元素外，还增加了一些配置，例如金属换挡拨片。

宝马 X6 配备了动态驱动力分配系统，以强化车辆在行车稳定性和操控精准性上的表现，同时配合 xDrive 全轮驱动系统合理地分配前后车轴之间的驱动力。

基本参数 (2022 年款旗舰版)	
上市时间	2022 年 6 月
级别	中大型 SUV
车身结构	5 门 5 座 SUV
驱动方式	前置四驱
发动机	3.0T 340 马力 L6
变速箱	8 挡手自一体
长×宽×高（毫米）	4947×2004×1698
轴距	2975 毫米
整备质量	2205 千克
最高车速	250 公里/时
0~100 公里/时加速	5.5 秒

宝马 X7

宝马 X7（BMW X7）是德国宝马汽车公司在 2018 年推出的 SUV。

宝马 X7 采用宝马最新的家族式设计，"双肾"进气格栅的尺寸比宝马其他车型更大，中央的连接处也更紧密。同时，进气格栅两侧细长的大灯组内部采用了激光式大灯以及比例更加扁平的家族式 LED 日间行车灯。在前保险杠部分，采用了巨大的贯穿式"U"形下部进气口。车身侧面的线条十分平直，造型比较规整，上下双腰线增加了一定的设计感。车尾部分，两侧扁平的多边形 LED 尾灯组呼应了前大灯组的设计。

宝马 X7 的内饰设计与宝马 X5 相似，双 12.3 英寸显示屏组合，搭配大量的皮质包覆和金属、木纹等装饰。宝马 X7 也配备了最新样式的电子挡把，iDrive 系统控制区也采用了新的设计。此外，还配备了三段式天窗，其中第三排座椅上方为独立式设计。

基本参数 (2023 年款旗舰版)	
上市时间	2022 年 11 月
级别	大型 SUV
车身结构	5 门 6 座 SUV
驱动方式	前置四驱
发动机	4.4T 530 马力 V8
变速箱	8 挡手自一体
长×宽×高(毫米)	5170×2000×1835
轴距	3105 毫米
整备质量	2670 千克
最高车速	250 公里/时
0~100 公里/时加速	4.7 秒

第 5 章 运动型多用途车

宝马 X7 侧后方视角

宝马 X7 内饰

本田 CR-V

本田 CR-V（Honda CR-V）是日本本田汽车公司在 1995 年推出的前置前驱/四驱 SUV，并分别于 2001 年（第二代）、2006 年（第三代）、2011 年（第四代）、2016 年（第五代）、2022 年（第六代）推出了换代车型。2004 年，东风本田汽车公司将其引进中国生产。

本田 CR-V 第六代车型的外观造型比上一代车型更加硬朗，修长的大灯组以及横条式的日间行车灯，都给人一种不怒自威的感觉。尾部造型也进行了修改，虽然依旧采用了"L"形尾灯设计，但是有一个明显向内侧延伸的造型，点亮之后的视觉效果更好。内饰方面，三幅式多功能方向盘的盘面大小符合亚洲人的手形，外面采用了仿皮材质进行包裹，手感非常舒适。左侧的多功能按钮可以对多媒体进行控制，而右侧主要用来控制驾驶辅助系统。全液晶仪表盘使用的是模拟机械仪表盘的显示方式，并且可以随时进行多媒体系统以及驾驶辅助信息的切换。

基本参数 (2023 年款旗舰版)	
上市时间	2022 年 9 月
级别	紧凑型 SUV
车身结构	5 门 5 座 SUV
驱动方式	前置四驱
发动机	1.5T 193 马力 L4
变速箱	CVT 无级变速
长 × 宽 × 高 (毫米)	4703×1866×1690
轴距	2700 毫米
整备质量	1704 千克
最高车速	188 公里 / 时
0~100 公里 / 时加速	9.4 秒

别克昂科威

别克昂科威（Buick Envision）是美国别克汽车公司在 2014 年推出的前置前驱/四驱 SUV，并于 2021 年（第二代）推出了换代车型。该车在中国市场由上汽通用汽车公司负责生产和销售。2015 年 12 月，别克昂科威成为上汽通用汽车公司首批整车出口北美市场的车型。

基本参数 (2023 年款旗舰版)	
上市时间	2022 年 9 月
级别	中型 SUV
车身结构	5 门 5 座 SUV
驱动方式	前置四驱
发动机	2.0T 237 马力 L4
变速箱	9 挡手自一体
长×宽×高(毫米)	4845×1883×1705
轴距	2833 毫米
整备质量	1905 千克
最高车速	210 公里/时
0~100 公里/时加速	8.4 秒

别克昂科威第二代车型的外观造型硬朗大气，飞翼式镀铬饰条贯穿 LED 展翼式大灯，拉宽了横向视觉。富有张力的保险杠设计和立体的银色下护板，造就了饱满有力的车头。尾部同样采用三维立体展翼造型，电镀饰条与尾灯贯穿相连，搭配一体式双排尾气管，提升运动感。内饰方面，延续了别克一贯的高档内饰品质，并引入全新设计的 10 英寸高清触摸显示屏，提升科技感。全车还配有前排多功能座椅、椅背角度可调节的后排可滑动座椅、对开式超大中央储物盒、电加热方向盘、两片式超大全景天窗等。

大众途锐

大众途锐(Volkswagen Touareg)是德国大众汽车公司在2002年推出的SUV,并分别于2010年(第二代)、2018年(第三代)推出了换代车型。

大众途锐第三代车型的车头部分采用大众家族式设计,大量的银色镀铬装饰条增加了车头的辨识度,带转向辅助灯的LED前大灯如锐利眼眸,与镀铬装饰的宽大进气格栅相辅相成。车身侧面采用双腰线设计,一条从车头延伸到C柱,另一条从车门延伸到尾灯,巧妙地划分出层次感。车尾整体呈现出圆润的设计风格,没有多余的棱角,与车头形成一柔一刚的视觉差异。内饰方面,12英寸可自定义式全液晶仪表、15英寸彩色触摸屏搭载的信息娱乐系统以及抬头显示,构成未来感十足的数字化驾驶舱。15英寸超大互动屏幕支持娱乐需求的同时更可实现手势触控、语音控制等多种交互操作。

大众途锐配备了电子车身稳定系统、主动式胎压监测系统、疲劳警示系统等一系列驾驶辅助功能。此外,还有预碰撞安全系统,能够通过自动监测前方行人及障碍物,推算出发生碰撞的可能性,进而立即发出警报声,并在必要时自动触发紧急制动。

基本参数(2022年款旗舰版)	
上市时间	2022年8月
级别	中大型SUV
车身结构	5门5座SUV
驱动方式	前置四驱
发动机	3.0T 340马力 V6
变速箱	8挡手自一体
长×宽×高(毫米)	4878×1984×1686
轴距	2899毫米
整备质量	2170千克
最高车速	250公里/时
0~100公里/时加速	5.9秒

福特探险者

福特探险者（Ford Explorer）是美国福特汽车公司在1991年推出的SUV，并分别于1995年（第二代）、2002年（第三代）、2006年（第四代）、2011年（第五代）、2020年（第六代）推出了换代车型。第五代车型采用前置前驱布局，其他几代车型采用前置后驱布局，历代车型均有四驱版。该车于2013年以进口的身份进入中国市场，2020年开始由长安福特汽车公司在中国生产。

基本参数(2023年款旗舰版)	
上市时间	2022年9月
级别	中大型SUV
车身结构	5门6座SUV
驱动方式	前置四驱
发动机	2.3T 276马力 L4
变速箱	10挡手自一体
长×宽×高(毫米)	5063×2004×1778
轴距	3025毫米
整备质量	2078千克
最高车速	200公里/时
0~100公里/时加速	7.8秒

福特探险者第六代车型的外形沉稳大气，车头部分采用了福特最新的家族式设计，宽大的六边形进气格栅内部采用高亮亚光蜂窝网状结构填充，极具视觉冲击力。发动机舱盖上的线条高高拱起，凸显力量感。两侧大灯组的造型十分大气，采用全LED光源，并且带有自动大灯、自适应远近光和大灯高度可调等功能。两个硕大的尾灯同样采用了LED光源，鲜红色的光带清晰可见，点亮后有着非常高的辨识度。内饰方面，采用简约的中控台布局，有大量软性材质覆盖，再加上适量的木纹材质饰板以及银色镀铬作为点缀。该车全系标配纵向放置的12.8英寸中控屏，配合12.3英寸的全液晶仪表，科技感和豪华感都得以提升。

丰田兰德酷路泽

丰田兰德酷路泽（Toyota Land Cruiser）是日本丰田汽车公司在 1951 年推出的 SUV，并分别于 1955 年（J20/J30）、1960 年（J40）、1967 年（J50）、1980 年（J60）、1984 年（J70）、1990 年（J80）、1998 年（J100）、2007 年（J200）、2021 年（J300）推出了换代车型。

兰德酷路泽（J300）延续硬派设计风格的同时也加入了时尚元素，前脸依旧是方方正正的矩形造型，

基本参数 (2016 年款旗舰版)	
上市时间	2016 年 4 月
级别	中大型 SUV
车身结构	5 门 8 座 SUV
驱动方式	前置四驱
发动机	4.6L 310 马力 V8
变速箱	6 挡手自一体
长 × 宽 × 高 (毫米)	5095×1975×1930
轴距	2850 毫米
整备质量	2735 千克
最高车速	190 公里 / 时
0~100 公里 / 时加速	9.4 秒

中间是粗壮的三幅饰条，搭配两侧同为矩形的 LED 头灯以及底部的贯穿式进气口，给人以威猛有力的视觉感受。内饰方面，配备了一块大尺寸中控屏，并且增加了更多六边形的设计线索。在仪表盘位置，搭载了一块能够显示更多车辆信息的触摸显示屏。

兰德酷路泽（J300）配备了全时四驱系统、综合感应防抱死系统、动力调节悬架系统、低速巡航驾驶辅助系统和上坡辅助控制系统等。其中，动力调节悬架系统的主要功能有两个：在公路行驶转弯时，起到传统的前后稳定杆作用，能够有效抑制车身侧倾；在越野时，不再发挥稳定杆作用，

而是提供车轮铰链接合的功能,大幅提高车轮的行程,减少车轮悬空打滑现象,提升在复杂路面的通过性。

丰田兰德酷路泽(J300)侧后方视角

丰田兰德酷路泽(J300)内饰

丰田普拉多

丰田普拉多（Toyota Prado）是日本丰田汽车公司在1990年推出的SUV，并分别于1996年（第二代）、2002年（第三代）、2009年（第四代）推出了换代车型。

基本参数 (2019年款旗舰版)	
上市时间	2019年1月
级别	中大型SUV
车身结构	5门7座SUV
驱动方式	前置四驱
发动机	3.5L 280马力V6
变速箱	6挡手自一体
长×宽×高(毫米)	5010×1885×1890
轴距	2790毫米
整备质量	2285千克
最高车速	175公里/时
0~100公里/时加速	8.7秒

普拉多的外观造型简洁大气，直瀑式进气格栅，配合上扬的大灯线条以及宽大的前保险杠，使其前脸极富力量感。与硬朗的车头风格不同的是，普拉多的发动机舱盖显得比较普通，既没有明显的隆起，也没有装饰性的切线设计。车身侧面汲取了雷克萨斯的设计灵感，斧刻般的腰线从车头向车身后部延伸。尾部车门采用侧向开门的方式。

普拉多的内饰设计充满活力，富有科技感。方向盘采用四幅设计，除了使用皮革包裹之外，还提供了多媒体控制功能。后方的仪表盘采用双炮筒设计，尽管没有镀铬件作为装饰，但整体的效果仍然富有力量感。中部的多功能显示屏使用普通液晶材质，而非TFT式显示屏，因此显示内容有限。中控台上方宽大的空调出风口，能够为后排送风，再加上后排拥有的4个出风口，组成了一个完整的车内风道。

GMC 育空

GMC 育空（GMC Yukon）是美国通用汽车公司在 1991 年推出的前置后驱/四驱 SUV，并分别于 2000 年（第二代）、2007 年（第三代）、2015 年（第四代）推出了换代车型。

GMC 育空的车身拥有大量美式肌肉线条，充满力量感与科技感。HID 大灯搭配全 LED 转向灯像钻石一样耀眼，矩形镀铬进气格栅上醒目的红色 GMC 标志是整个前脸的点睛之笔。车身侧面镀铬件格外引人注目，22 英寸铝合金轮毂显得沉稳大气。GMC 育空的内饰颇为豪华，例如触感柔软的仪表板、中控台以及音质出色的博士音响系统。前排座椅具有腰部支撑和电加热功能。

基本参数 (2018 年款旗舰版)	
上市时间	2018 年 5 月
级别	大型 SUV
车身结构	4 门 6 座 SUV
驱动方式	前置四驱
发动机	5.3L 355 马力 V8
变速箱	6 挡手自一体
长×宽×高（毫米）	5941×2045×1980
轴距	3708 毫米
整备质量	2905 千克
最高车速	250 公里/时
0~100 公里/时加速	7 秒

GMC 育空配备了主动电磁感应悬架、前进碰撞警报、倒车影像辅助系统、自适应巡航控制系统、车道变更警示、侧盲区接近预警系统、车辆后方穿越警报、车道偏离警报、防止侧倾翻滚系统、脉冲式安全警报座椅、前排自动乘客传感器等一系列科技安全技术，最大限度保护行车安全。

吉普牧马人

吉普牧马人（Jeep Wrangler）是美国吉普汽车公司在 1986 年推出的前置后驱/四驱 SUV，并分别于 1996 年（第二代）、2006 年（第三代）、2017 年（第四代）推出了换代车型。

吉普牧马人拥有硬朗阳刚的车身轮廓，宽大的前后轮眉、七孔进气格栅、圆形前大灯都极具辨识度。外置的发动机舱盖锁扣、外露的车门铰链以及外露的铆钉，这些设计在现今的汽车产品中都已很少见到，

基本参数 (2022 年款旗舰版)	
上市时间	2022 年 2 月
级别	中型 SUV
车身结构	4 门 5 座 SUV
驱动方式	前置后驱/四驱
发动机	2.0T 266 马力 L4
变速箱	8 挡手自一体
长×宽×高（毫米）	4882×1894×1838
轴距	3008 毫米
整备质量	1991 千克
最高车速	177 公里/时
0~100 公里/时加速	7 秒

但也正是因为这些特征，吉普牧马人才显得与众不同。吉普牧马人采用双顶组合的设计，即同时配置软、硬两种顶篷。

吉普牧马人的核心技术是 Rock-Trac 分时四驱系统。该系统拥有前、后机械式差速锁，在四驱模式下，分动箱将驱动力平均分配给前后轴，使得四轮具有平衡的驱动力，实现"中央差速器锁止"的功能。当车辆越野爬坡时，如果卡在某一坡度上有车轮无法着地，通过 Sway-Bar 前稳定杆

电子分离系统,只需一个按键就可断开前稳定杆,从而使前轮以约 30% 的幅度下沉,使得原本腾空的轮胎可以着地获得驱动力。

吉普牧马人(第四代车型)侧前方视角

吉普牧马人(第四代车型)内饰

吉普大切诺基

  吉普大切诺基（Jeep Grand Cherokee）是美国吉普汽车公司在1993年推出的前置后驱/四驱SUV，并分别于1999年（第二代）、2005年（第三代）、2011年（第四代）、2021年（第五代）推出了换代车型。

  吉普大切诺基第五代车型保留了吉普标志性的七孔进气格栅，并与水平大灯相连。从侧面看，梯形轮拱作为吉普大切诺基的独特标志也得到了传承，贯穿整车的平直腰线，让车辆看起来更修长、硬朗。第五代车型根据内饰的不同，在车辆上部采用了独特的双色调配色，起到了赋予都市感的作用。尾部采用符合潮流的条形尾灯，Jeep标志位于中央。大切诺基作为吉普家族的旗舰车型，其内饰设计摆脱了美国汽车一贯的粗犷风格，豪华程度可以和高级轿车媲美。

  吉普大切诺基第五代车型包括发动机舱盖、后挡板等部件均使用轻巧的高强度铝合金材质，底盘部分的前后副车架、发动机支架和转向器，铝

基本参数 (2020年款旗舰版)	
上市时间	2019年12月
级别	中大型SUV
车身结构	5门5座SUV
驱动方式	前置四驱
发动机	3.6L 286马力 V6
变速箱	8挡手自一体
长×宽×高(毫米)	4875×1943×1792
轴距	2915毫米
整备质量	2304千克
最高车速	200公里/时
0~100公里/时加速	8.3秒

制避震塔以及电子制动器等也均经过轻量化处理,以达到减重的目的,对操控性、经济性均有好处。

吉普大切诺基(第五代车型)侧前方视角

吉普大切诺基(第五代车型)内饰

捷豹 F-Pace

捷豹 F-Pace（Jaguar F-Pace）是英国捷豹汽车公司在 2016 年推出的 SUV。

捷豹 F-Pace 采用捷豹最新的家族式设计，前脸采用多边形点阵式进气格栅设计，加上周围的镀铬装饰，造型圆润精致。搭配两侧犀利狭长的熏黑设计 LED 大灯组，整车看起来颇为运动。车身侧面，虽然没有采用时下流行的贯穿式腰线，但饱满流畅的设计依然具有出色的视觉效果。该车采用悬浮式车顶设计，在尾部还添加了尾翼，配合层次丰富的尾部设计，可进一步展现出车辆的运动感和年轻化。

捷豹 F-Pace 采用对称式的内饰设计，整体看起来简洁大气，在做工和用料方面可圈可点，大量的皮质包裹以及镀铬装饰，大幅提升了豪华感，而中控台的 14.1 英寸弧形液晶显示屏以及手感舒适的电子换挡杆，则提供了不错的科技氛围。

基本参数 (2023 年款旗舰版)	
上市时间	2022 年 9 月
级别	中型 SUV
车身结构	5 门 5 座 SUV
驱动方式	前置四驱
发动机	3.0T 400 马力 L6
变速箱	8 挡手自一体
长×宽×高（毫米）	4747×2071×1664
轴距	2874 毫米
整备质量	2028 千克
最高车速	250 公里 / 时
0~100 公里 / 时加速	5.4 秒

捷豹 I-Pace

捷豹 I-Pace（Jaguar I-Pace）是英国捷豹汽车公司在 2018 年推出的纯电动 SUV。

作为捷豹家族中的新成员，捷豹 I-Pace 在外形上继承了捷豹独特的设计风格。与捷豹 F-Pace 相比，捷豹 I-Pace 在外形上更加前卫。低伏且宽大的车头搭配两旁犀利的 LED 大灯，给人不怒自威的感觉。车身侧面线条流畅，在保持溜背的同时，尾部又形成一个直角转弯，看上去非常

基本参数 (2020 年款旗舰版)	
上市时间	2020 年 12 月
级别	中型 SUV
车身结构	5 门 5 座 SUV
驱动方式	双电动机四驱
电动机	400 马力永磁同步
变速箱	1 挡固定齿比
长×宽×高 (毫米)	4682×2011×1565
轴距	2990 毫米
整备质量	2220 千克
最高车速	200 公里 / 时
0~100 公里 / 时加速	4.8 秒

特别。22 英寸的花瓣形轮毂，则让整个侧面充满力量感。此外，该车采用红黑双拼布局的侧裙也是一大亮点。捷豹 I-Pace 的内饰设计颇有质感，驾驶者和乘客可以碰到的地方大多采用软质材料覆盖。该车采用悬浮式中控台，使整个内饰充满未来感的同时又增大了储物空间。中控台上方采用 10 英寸显示屏，用来显示和调控多媒体系统、行车系统等，而下方的 5 英寸显示屏则是用来调节空调系统。

捷豹 I-Pace 搭载两台由捷豹自主研发的永磁电动机，具备重量轻、体积小的机械特性。该车全系标配全时四驱系统，搭载 90 千瓦时锂电池模块，续航里程达到 456 公里。

凯迪拉克凯雷德

凯迪拉克凯雷德（Cadillac Escalade）是美国凯迪拉克汽车公司在 1998 年推出的前置后驱/四驱 SUV，并分别于 2002 年（第二代）、2007 年（第三代）、2015 年（第四代）、2021 年（第五代）推出了换代车型。

作为大型 SUV，凯迪拉克凯雷德第五代车型的体型庞大，有一种压倒一切的气势。豪华版采用大尺寸的镀铬盾形格栅，

基本参数 (2021 年款旗舰版)	
上市时间	2021 年
级别	大型 SUV
车身结构	5 门 7 座 SUV
驱动方式	前置后驱
发动机	6.2L 426 马力 V8
变速箱	10 挡手自一体
长 × 宽 × 高（毫米）	5382×2059×1948
轴距	3071 毫米
整备质量	2429 千克
最高车速	210 公里 / 时
0~100 公里 / 时加速	8.7 秒

同时两侧犀利的大灯组也与格栅完美融合。而运动版车型则采用熏黑的蜂窝状格栅，同样与大灯组连成一体。大灯下方是竖直的雾灯，增加了车头的视觉高度。车身侧面，腰线由两侧大灯贯穿整个车身，在 D 柱上采用黑色进行装饰，营造出悬浮车顶的感觉。而蜿蜒向上的尾灯、大量横向的线条使车尾充满层次感。

凯迪拉克凯雷德第五代车型采用全新的 OLED 曲面屏幕将仪表盘和整个中控屏都融为一体，这是凯迪拉克首次采用双仪表设计，让车辆在科技感和时尚感上都做到独一无二。凯迪拉克还联合 AKG 共同研发了一套 36 扬声器的音响系统，还带有一个大型封闭式低音炮。此外，还支持前、中、后排音量的分开设置。

第 5 章　运动型多用途车

凯迪拉克凯雷德(第五代车型)侧后方视角

凯迪拉克凯雷德(第五代车型)内饰

凯迪拉克 XT6

凯迪拉克 XT6（Cadillac XT6）是美国凯迪拉克汽车公司在 2019 年推出的前置前驱/四驱 SUV。该车在中国市场由上汽通用汽车公司负责生产和销售。

基本参数 (2022 年款旗舰版)	
上市时间	2022 年 9 月
级别	中大型 SUV
车身结构	5 门 6 座 SUV
驱动方式	前置四驱
发动机	2.0T 237 马力 L4
变速箱	9 挡手自一体
长×宽×高(毫米)	5056×1964×1780
轴距	2863 毫米
整备质量	2095 千克
最高车速	210 公里/时
0~100 公里/时加速	8.8 秒

凯迪拉克 XT6 延续了凯迪拉克"钻石切割"的家族设计理念，采用了凯迪拉克 Escala 概念车的设计元素，引入了时尚版和运动版两种造型风格。时尚版采用点阵进气口格栅和大量镀铬装饰，而运动版则采用黑色网眼格栅和高亮黑色装饰。大灯组造型纤细，LED 日间行车灯采用垂直风格。车尾采用辨识度较高的"T"形尾灯组，点亮后极具层次感。内饰方面，凯迪拉克 XT6 配备三辐式多功能方向盘、大尺寸中控液晶显示屏，显示屏下方有一块空调系统显示面板，在一定程度上提升了车内的科技感及品质感。

凯迪拉克 XT6 搭载一台可实现闭缸技术的 2 升涡轮增压发动机。该发动机集成可变气门管理技术，实时监测不同的动力需求，智能自动调节发动机进气门开闭程度，带来"四缸高性能模式""四缸经济模式""两缸超经济模式"三种工况。与发动机匹配的是 9 挡手自一体变速箱，细密的挡位设置，搭配智能换挡逻辑，换挡平顺自如。

凯迪拉克锐歌

凯迪拉克锐歌（Cadillac Lyriq）是美国凯迪拉克汽车公司在 2022 年推出的纯电动 SUV，在中国市场由上汽通用汽车公司负责生产和销售。

凯迪拉克锐歌量产车极大程度保留了概念车的设计，外观造型极具科技感。封闭式中网安装了若干 LED 灯带，可以实现不同的灯语。该车 33 英寸的车机屏幕支持 9K 分辨率与像素密度，搭载高通骁龙 8155 芯片，整屏分辨率达

基本参数 (2022 年款旗舰版)	
上市时间	2022 年 6 月
级别	中大型 SUV
车身结构	5 门 5 座 SUV
驱动方式	双电动机四驱
电动机	510 马力永磁同步
变速箱	1 挡固定齿比
长×宽×高(毫米)	5003×1977×1637
轴距	3094 毫米
整备质量	2600 千克
最高车速	210 公里 / 时
0~100 公里 / 时加速	4.9 秒

8960×1320，像素密度 271PPI。凯迪拉克锐歌配备全新一代 Super Cruise 超级辅助驾驶系统，具有 OTA 迭代升级能力。辅助驾驶方面，提供自动紧急制动、后方自动紧急制动、横侧向碰撞避免辅助等 24 项功能。

凯迪拉克锐歌所采用的奥特能三元锂电池容量为 95.7 千瓦时，支持全生命周期快充，充电 10 分钟即可续航 96 公里。得益于奥特能电动车平台，凯迪拉克锐歌采用的电池管理系统，可实现无线连接功能，使电池包减少 90% 的线束。

世界汽车鉴赏（珍藏版）

劳斯莱斯库里南

劳斯莱斯库里南（Rolls-Royce Cullinan）是英国劳斯莱斯汽车公司在 2018 年推出的 SUV。

劳斯莱斯库里南与劳斯莱斯幻影第八代车型出自同一平台，也是劳斯莱斯推出的第二款铝制结构车型，车头方方正正，辨识度很高。库里南采用帕特农神庙样式进气格栅，搭配矩形大灯组。该车采用对开门设计，开门时车身会自动下降 40 毫米，方便乘客上下车，启动后车身则会自动升高。车身尾部，库里南有一个特别功能——伸缩式览景座椅，只需一键开启，隐蔽在后备箱的两个真皮座椅和鸡尾酒桌便会缓缓展开。

内饰方面，大量使用高档真皮覆盖，并采用大量平直的线条，中控面板的边框由手工打磨的金属条包裹，不仅将上部的仪表板和中部的控制台连接起来，还通过容纳仪表板上的横向设计元素，增强了掌控感。副驾驶座前镶嵌了一块石英表，凸显劳斯莱斯特有的贵族气质。方向盘沿用了经典的三辐式造型，整体设计小巧、厚实，内部包裹有可加热的柔软材质。

基本参数 (2020 年款旗舰版)	
上市时间	2020 年 7 月
级别	大型 SUV
车身结构	5 门 5 座 SUV
驱动方式	前置四驱
发动机	6.7T 600 马力 V12
变速箱	8 挡自动
长×宽×高（毫米）	5341×2000×1837
轴距	3295 毫米
整备质量	2780 千克
最高车速	250 公里 / 时
0~100 公里 / 时加速	5.1 秒

第 5 章　运动型多用途车

劳斯莱斯库里南在沙漠中行驶

劳斯莱斯库里南内饰

兰博基尼野牛

兰博基尼野牛（Lamborghini Urus）是意大利兰博基尼汽车公司在 2018 年推出的 SUV。

兰博基尼野牛在融入兰博基尼家族式设计的基础上进行了优化与创新，充满硬朗阳刚的气息。前大灯设计非常犀利，中下方宽大的进气格栅霸气十足，发动机舱盖和车身侧面所勾勒出的肌肉线条也将 SUV 应有的力量感展现得淋漓尽致。内饰方面，兰博基尼野牛延续了兰

基本参数 (2022 年款旗舰版)	
上市时间	2022 年 8 月
级别	中大型 SUV
车身结构	5 门 5 座 SUV
驱动方式	前置四驱
发动机	4.0T 640 马力 V8
变速箱	8 挡手自一体
长×宽×高 (毫米)	5137×2026×1618
轴距	3002 毫米
整备质量	2200 千克
最高车速	306 公里 / 时
0~100 公里 / 时加速	3.3 秒

博基尼家族式的特征，整个中控台采用由锻造复合材料制成的骨架式碳纤维结构，贯穿整个车内空间，部分区域由采用皮革包裹的软垫覆盖。四个座椅的表面由多个独立式坐垫覆盖。

兰博基尼野牛并未搭载兰博基尼著名的 V10 自然进气发动机（原概念车所使用的发动机）及 V12 自然进气发动机，而是采用全新开发的 4 升 V8 双涡轮增压发动机，使其成为兰博基尼有史以来第一款采用涡轮增压发动机的量产车。

第 5 章　运动型多用途车

高速行驶的兰博基尼野牛

兰博基尼野牛内饰

路虎揽胜

路虎揽胜（Land Rover Range Rover）是英国路虎汽车公司在1969年推出的SUV，并分别于1994年（第二代）、2001年（第三代）、2012年（第四代）、2022年（第五代）推出了换代车型。

路虎揽胜第五代车型的外观造型在保持家族辨识度的同时，以简约化的设计手段删减了不必要的冗杂线条，进一步去除棱角，整个车身看起来非常顺滑，一体化设计感很强。为了呼应一体化，凸显车身

基本参数 (2023年款旗舰版)	
上市时间	2022年9月
级别	中大型SUV
车身结构	5门4座SUV
驱动方式	前置四驱
发动机	4.4T 530马力 V8
变速箱	8挡手自一体
长×宽×高(毫米)	5252×2047×1870
轴距	3197毫米
整备质量	2830千克
最高车速	261公里/时
0~100公里/时加速	4.8秒

顺滑的特点，外部玻璃和边框结合得天衣无缝，标志性的鲨鱼鳃装饰被简化为"U"形装饰部件。该车并没有选择主流的贯穿式尾灯，反而采用了尺寸较小的尾灯，纤细的尾灯配合贯穿式装饰条以及下方保险杠的亮黑装饰条，精致感十足。

内饰方面，路虎揽胜第五代车型整体采用的是棕色和米白色相互拼接的方案，半苯胺环保皮革与陶瓷相结合并点缀以抛光金属饰板，奢华的感觉扑面而来。

第 5 章　运动型多用途车

路虎揽胜（第五代车型）侧前方视角

路虎揽胜（第五代车型）内饰

路虎卫士

路虎卫士（Land Rover Defender）是英国路虎汽车公司推出的前置四驱SUV，老款车型在1983—2016年期间生产，新一代车型于2019年开始生产。

路虎卫士是路虎在硬派SUV领域的代表车型，传承数十年的硬汉形象早已深入人心。可出于市场考虑，如今新一代路虎卫士几乎"改头换面"，转为使用路虎最新家族式设计，旨在以更时尚现代化的设计拓宽市场，颠覆以往的外观也令其收获了极高的关注度。该车的外形设计简约、精致，给人一种刚毅果敢的感觉，配合发动机舱盖复古黑色饰板、方格网散热出口、标志性阿尔卑斯山之光侧顶窗以及3D内嵌式尾灯、外挂式全尺寸备胎等经典元素设计，辨识度极高。

新一代路虎卫士与老款车型相比，做了不小的转型，除了颠覆传承数十年的造型风格之外，也强调在保有老款强悍越野能力之余具备更好的公路性能及舒适性。改为承载式车身、配备5种驾驶模式及先进的INCONTROL OS 2.0车机系统等便是路虎卫士所做的改变。

基本参数 (2023年款旗舰版)	
上市时间	2022年8月
级别	中大型SUV
车身结构	5门5座SUV
驱动方式	前置四驱
发动机	5.0T 525马力 V8
变速箱	8挡手自一体
长×宽×高（毫米）	5018×2008×1967
轴距	3022毫米
整备质量	2603千克
最高车速	240公里/时
0~100公里/时加速	5.4秒

第 5 章 运动型多用途车

路虎发现

路虎发现（Land Rover Discovery）是英国路虎汽车公司在 1989 年推出的 SUV，并分别于 1998 年（第二代）、2004 年（第三代）、2009 年（第四代）、2017 年（第五代）推出了换代车型。

路虎发现前四代车型定位为纯种越野车，因此采用了非承载式车身以及传统越野车的方正造型，硬朗的外观格外引人注目。不过，该车粗犷的外形、落后的内饰以及驾乘的舒适度逐渐与这个时代格格不

基本参数（2023 年款旗舰版）	
上市时间	2022 年 5 月
级别	中大型 SUV
车身结构	5 门 7 座 SUV
驱动方式	前置四驱
发动机	3.0T 360 马力 L6
变速箱	8 挡手自一体
长×宽×高（毫米）	4956×2073×1888
轴距	2923 毫米
整备质量	2540 千克
最高车速	209 公里/时
0~100 公里/时加速	6.5 秒

入。为此，路虎进行了大刀阔斧的改变，结果却是毁誉参半。第五代车型的外观造型摒弃了过去的方正线条，采用了更多圆润、流畅的设计元素。内饰部分也吸取第四代车型的教训，加入了更多的豪华材质和科技配置，在豪华感和科技感上都达到了历代车型的巅峰水平。第五代车型的车身尺寸及轴距均在第四代车型之上，车内乘坐空间得到了进一步的扩充。

路虎发现第五代车型拥有较强的越野能力，配备了全地形驾驶进度控制系统，越野模式下，其最大接近角和离去角分别达到了 34°和 30°，涉水深度到 900 毫米。为了提升驾驶乐趣，第五代车型配备了车速感应式电子助力转向系统和诸多稳定控制系统，可以适应各种路况。

雷克萨斯 LX

雷克萨斯 LX（Lexus LX）是日本雷克萨斯汽车公司在 1995 年推出的 SUV，并分别于 1998 年（第二代）、2007 年（第三代）、2021 年（第四代）推出了换代车型。

雷克萨斯 LX 第四代车型依然采用了家族式的纺锤形进气格栅，由横向镀铬框组合而成。进气格栅和犀利的大灯组以及两侧熏黑车腮饰板连成一体，整个前脸形成了"X"形布局设计。第四代车型相较于上一代车型的尺寸更大，并且在视觉上明显营造出了敦厚感。车身侧面、轮眉、车门下方都带有冲压折痕。而轮毂则选用了双色拼接，轮毂的辐条也根根分明，22 英寸的大轮毂配合整车比例，看上去很协调。尾灯采用贯穿式设计，并且延伸到尾部侧面，横向拉宽了车尾的视觉效果，同时在点亮之后也强调了车体宽度。尾灯下方采用英文 LOGO 代替原本的图案 LOGO。

雷克萨斯 LX 第四代车型的座椅布局为三排 7 座。除了第一排的灵活空间之外，第二排座椅为独立布局，中间有着一处扶手箱，可以在其中放置物品，并且扶手箱可以多角度开启，方便更第三排的用户存取东西。

基本参数 (2022 年款旗舰版)	
上市时间	2021 年 10 月
级别	大型 SUV
车身结构	5 门 7 座 SUV
驱动方式	前置四驱
发动机	3.4L 415 马力 V6
变速箱	10 挡自动
长 × 宽 × 高 (毫米)	5230×1990×1895
轴距	2850 毫米
整备质量	2720 千克
最高车速	220 公里 / 时
0~100 公里 / 时加速	6.9 秒

第 5 章　运动型多用途车

雷克萨斯 LX（第四代车型）侧前方视角

雷克萨斯 LX（第四代车型）内饰

雷克萨斯 RX

雷克萨斯 RX（Lexus RX）是日本雷克萨斯汽车公司在 1998 年推出的前置前驱 / 四驱 SUV，并分别于 2003 年（第二代）、2008 年（第三代）、2015 年（第四代）、2022 年（第五代）推出了换代车型。

雷克萨斯 RX 第五代车型采用雷克萨斯最新的家族式设计，整体视觉效果更加精致。前脸纺锤形进气格栅周边采用锯齿状设计，看上去十分新颖。两侧大灯造型十分犀利，下方倒钩形灯源为 LED 日间行车灯，辨识度较高。车身侧面，采用了较高腰线，有助于提高视觉重心。同时，C 柱位置进行了熏黑处理，营造出半悬浮式车顶。内饰方面，采用环抱式设计，富有层次感的中控台加上多种材料拼接，让车内看上去更有档次。

基本参数 (2021 年款旗舰版)	
上市时间	2021 年 3 月
级别	中大型 SUV
车身结构	5 门 6 座 SUV
驱动方式	前置四驱
发动机	3.5L 262 马力 V6
变速箱	E-CVT 无级变速
长×宽×高（毫米）	5000×1895×1720
轴距	2790 毫米
整备质量	2240 千克
最高车速	180 公里 / 时
0~100 公里 / 时加速	8 秒

雷克萨斯 RX 第五代车型引入了一项新的电气化技术，即命名为"DIRECT4"的电子动态四驱系统，无论路面或驾驶条件如何，它都能根据汽车的地面负载不断精确地控制四个车轮的驱动力，有助于车辆准确平稳地行驶。

林肯领航员

林肯领航员(Lincoln Navigator)是美国林肯汽车公司在 1998 年推出的前置后驱/四驱 SUV,并分别于 2003 年(第二代)、2007 年(第三代)、2018 年(第四代)推出了换代车型。

林肯领航员第四代车型的车身尺寸较大,前脸设计延续了林肯品牌的传统风格,体现了美国汽车大气沉稳的特色。十字盾形车标,镶嵌在车头的正中位置,非常醒目,与大尺寸的进气格栅融为一体。22 英寸的合金轮毂以及 285 毫米宽度的轮胎,在林肯领航员庞大的身躯下并不显得笨重。车身尾部方方正正,棱角分明。

基本参数 (2022 年款旗舰版)	
上市时间	2022 年 7 月
级别	大型 SUV
车身结构	5 门 7 座 SUV
驱动方式	前置四驱
发动机	3.5T 415 马力 V6
变速箱	10 挡手自一体
长×宽×高(毫米)	5657×2073×1934
轴距	3342 毫米
整备质量	2837 千克
最高车速	197 公里/时
0~100 公里/时加速	6.4 秒

内饰方面,最引人注目的地方是金属质地的中控台,中控台造型与宽大的车身相呼应,特殊金属材料所特有的质感与平直线条的完美组合,营造出驾驶舱内舒适、惬意而大气的氛围。方向盘上的各种按键,除了常规的电话、多媒体控制,还能调整空调的风量大小。

林肯飞行家

林肯飞行家（Lincoln Aviator）是美国林肯汽车公司在 2003 年推出的前置后驱 / 四驱 SUV，并于 2020 年（第二代）推出了换代车型。第二代车型在中国市场由长安林肯汽车公司负责生产和销售。

林肯飞行家第二代车型采用林肯最新的家族式设计，拥有典型美式豪华风格的大面积进气格栅和星辉 LOGO。第二代车型还采用了分体式大灯组，转向灯独立于灯组之下。四驱高性能插电混动版本采用专属的格栅设计，LOGO 以蓝色点缀，凸显其新能源身份。

基本参数 (2022 年款旗舰版)	
上市时间	2022 年 5 月
级别	中大型 SUV
车身结构	5 门 6 座 SUV
驱动方式	前置四驱
发动机	3.0T 355 马力 V6
变速箱	10 挡手自一体
长 × 宽 × 高 (毫米)	5080×2022×1759
轴距	3025 毫米
整备质量	2354 千克
最高车速	230 公里 / 时
0~100 公里 / 时加速	6.2 秒

内饰方面，大量采用平直线条设计以拉伸视觉长度，"T"形中控台、悬浮式中控屏、12.3 英寸全数字仪表盘、多媒体控制按键相互配合，提升了内饰的豪华感。座椅方面，提供 6 座和 7 座两种方案，其中 7 座版本采用"2+2+3"的座椅布局。前门窗采用多层的隔音玻璃，后门窗及尾门则采用密封玻璃以创造出一个安静的驾乘环境。

雷诺科雷傲

雷诺科雷傲（Renault Koleos）是法国雷诺汽车公司在 2006 年推出的前置前驱/四驱 SUV，并于 2016 年（第二代）推出了换代车型。

雷诺科雷傲第二代车型的前脸设计时尚，且具有表现力，展现了时尚且动感的气质。进气格栅整体下移，并取消了外圈的镀铬框，彰显 SUV 的豪迈与大气。更细的镀铬格栅，配合大尺寸的雷诺 LOGO 和全新前保险杠，增强了前脸的立体

基本参数 (2019 年款旗舰版)	
上市时间	2019 年 6 月
级别	紧凑型 SUV
车身结构	5 门 5 座 SUV
驱动方式	前置四驱
发动机	2.5L 186 马力 L4
变速箱	CVT 无级变速
长×宽×高（毫米）	4672×1843×1717
轴距	2705 毫米
整备质量	1660 千克
最高车速	187 公里/时
0~100 公里/时加速	9.9 秒

感和层次感。车身侧面，延续了第一代车型突出的腰线、较高的离地间隙，新增镀铬防擦条和全新设计的双色五幅式轮毂，轮毂饱满且动感十足。车身尾部与众不同的设计得以保留，车顶的尾翼起到了很好的装饰效果，高位刹车灯隐藏在下面，饱满且大气。

雷诺科雷傲第二代车型的内饰风格简约，中控台采用缎纹饰面，按键与旋钮均采用镀铬装饰，尽显精致、优雅。主驾驶座椅位置可调高，营造开阔的视野，极大地提升了驾驶的安全性和舒适性。

玛莎拉蒂莱万特

玛莎拉蒂莱万特（Maserati Levante）是意大利玛莎拉蒂汽车公司在2016年推出的SUV。

玛莎拉蒂莱万特的外形没有SUV常见的硬朗，它的轮廓和线条更多地展现了意大利跑车特有的性感与优雅。虽然玛莎拉蒂莱万特的车身长度超过5米，车身高度接近1.7米，但视觉上并不臃肿，远远望去，甚至有一种轿跑车的感觉。之所以营造出这样的效果，一是因为玛莎拉蒂莱万特采用了溜背车身，运动感比传统SUV更强。二是车身宽大，饱满的轮拱和车门让视觉重心得到下移。相比于让人眼前一亮的外形，玛莎拉蒂莱万特的内饰设计中规中矩，但是用料十分讲究。其内饰拥有23种颜色搭配方案，可供客户随意选择。

玛莎拉蒂莱万特采用前双叉臂、后五连杆的独立悬架组合，并配备了空气悬架，共有6种车身高度，除常规的越野、普通、运动等五种模式外，它还拥有一个上下车自动调节悬架模式，停车时挂入P挡熄火，车身会自动下降，以方便驾乘者进出。

基本参数 (2021年款旗舰版)	
上市时间	2021年6月
级别	中大型SUV
车身结构	5门5座SUV
驱动方式	前置四驱
发动机	3.8T 581马力 V8
变速箱	8挡手自一体
长×宽×高(毫米)	5020×1981×1698
轴距	3004毫米
整备质量	2345千克
最高车速	302公里/时
0~100公里/时加速	4.1秒

第 5 章 运动型多用途车

玛莎拉蒂莱万特侧前方视角

玛莎拉蒂莱万特内饰

梅赛德斯 – 奔驰 G 级

梅赛德斯 - 奔驰 G 级（Mercedes-Benz G Class）是德国梅赛德斯 - 奔驰汽车公司在 1979 年推出的 SUV。

梅赛德斯 - 奔驰 G 级堪称梅赛德斯 - 奔驰旗下最具个性的车型，上市至今几乎没有对外形进行较大的改动。其外观造型简洁而经典，车身线条平直有力，具有典型的越野车特色。车身侧面，门槛、车窗底部和车顶形成了三条平行线，腰线以下的车身为矩形结构。与外形忠于传统的风格不同，梅赛德斯 - 奔驰 G 级的内饰在兼顾实用性的同时，被更多地赋予了豪华与复古的韵味。标配的皮革搭配胡桃木饰面，显现出梅赛德斯 - 奔驰一贯的豪华大气风范。

在面对越野路况时，梅赛德斯 - 奔驰 G 级配备的手动差速锁、带越野减速比的变速箱、空气减震器、4ETS 四轮驱动电子牵引系统使它拥有了无与伦比的通过性。

基本参数 (2022 年款旗舰版)	
上市时间	2021 年 11 月
级别	中大型 SUV
车身结构	5 门 5 座 SUV
驱动方式	前置四驱
发动机	4.0T 421 马力 V8
变速箱	9 挡手自一体
长 × 宽 × 高 (毫米)	4866×1931×1975
轴距	2890 毫米
整备质量	2524 千克
最高车速	210 公里 / 时
0~100 公里 / 时加速	5.9 秒

第 5 章 运动型多用途车

梅赛德斯-奔驰 G 级侧前方视角

梅赛德斯-奔驰 G 级内饰

梅赛德斯-奔驰 GLE 级

梅赛德斯-奔驰GLE级（Mercedes-Benz GLE Class）是德国梅赛德斯-奔驰汽车公司在1997年推出的前置后驱/四驱SUV，并分别于2005年（第二代）、2011年（第三代）、2019年（第四代）推出了换代车型。

梅赛德斯-奔驰 GLE 级第四代车型采用梅赛德斯-奔驰最新的家族式设计，进气格栅为双横幅式，中央镶嵌大尺寸品牌标志，前保险杠的设计也颇为时尚动感。车身尾部采用了双边双出的排气管设计，整体显得时尚大气又充满质感。

内饰方面，梅赛德斯-奔驰GLE级第四代车型延续了家族式设计风格，贯通式的中控台显得宽大厚实，深色配色加上金属、真皮的修饰，充满豪华感。该车配备梅赛德斯-奔驰经典的三幅方向盘并采用真皮包裹，多功能键集成了车辆信息查询、多媒体系统、蓝牙电话等功能。

基本参数 (2023年款旗舰版)	
上市时间	2022年11月
级别	中大型SUV
车身结构	5门5座SUV
驱动方式	前置四驱
发动机	4.0T 489马力V8
变速箱	9挡手自一体
长×宽×高(毫米)	4924×1948×1796
轴距	2995毫米
整备质量	2130千克
最高车速	250公里/时
0~100公里/时加速	4.9秒

第 5 章　运动型多用途车

梅赛德斯-奔驰 GLE 级（第四代车型）侧前方视角

梅赛德斯-奔驰 GLE 级（第四代车型）内饰

梅赛德斯-奔驰 GLS 级

梅赛德斯-奔驰 GLS 级（Mercedes-Benz GLS Class）是德国梅赛德斯-奔驰汽车公司在 2006 年推出的 SUV，并分别于 2013 年（第二代）、2020 年（第三代）推出了换代车型。

梅赛德斯-奔驰 GLS 级第三代车型延续了梅赛德斯-奔驰独特的家族式设计，发动机舱盖上隆起的线条，为车辆增添了肌肉感。大灯造型圆润，内部由两个双棱形灯组构成，并在上方配以柔顺的 LED 日间

基本参数 (2023 年款旗舰版)	
上市时间	2022 年 11 月
级别	大型 SUV
车身结构	5 门 7 座 SUV
驱动方式	前置四驱
发动机	4.0T 489 马力 V8
变速箱	9 挡手自一体
长×宽×高（毫米）	5207×2030×1850
轴距	3135 毫米
整备质量	2415 千克
最高车速	250 公里/时
0~100 公里/时加速	5.3 秒

行车灯，即便在白天也有较高的辨识度。该车提供包括曜岩黑金属漆在内的 9 种车身颜色供客户选择，同时在车顶行李架、车底护板、车侧饰条、行李厢门开关及侧裙板处，加入了大量镀铬元素。

梅赛德斯-奔驰 GLS 级第三代车型采用年轻、运动的三幅式方向盘代替了上一代车型的四幅式方向盘。虽然中控台实体按键区域与上一代车型相同，但材质和配色的改变提升了内饰质感。8 英寸悬浮式液晶显示屏的位置更高、更便于观看，与之搭配的是带触摸板的 COMANDNTG5 娱乐信息系统，不仅操作便利、显示清晰，而且还提供导航、电话、视频、互联网等众多功能。

梅赛德斯-奔驰 GLC 级

梅赛德斯-奔驰 GLC 级（Mercedes-Benz GLC Class）是德国梅赛德斯-奔驰汽车公司在 2015 年推出的前置后驱/四驱 SUV，并于 2022 年（第二代）推出了换代车型。该车在中国市场由北京奔驰汽车公司负责生产和销售。

梅赛德斯-奔驰 GLC 级第二代车型采用最新的家族式设计，前脸采用了全新数字化模块灯组，拥有可自定义的迎宾/离车照明投射功

基本参数 (2023 年款旗舰版)	
上市时间	2022 年
级别	中型 SUV
车身结构	5 门 7 座 SUV
驱动方式	前置四驱
发动机	2.0T 258 马力 L4
变速箱	9 挡手自一体
长 × 宽 × 高（毫米）	4826×1890×1714
轴距	2977 毫米
整备质量	2080 千克
最高车速	223 公里/时
0~100 公里/时加速	6.9 秒

能。同时，进气格栅有正梯形及倒梯形两种类型，均添加圆弧处理，格栅内部采用了横幅造型并配以大尺寸奔驰三叉星标志，整体看起来比较有气势。格栅造型有两种选择，一种是具有运动气息的 3D 星形图案，另一种则采用直瀑式设计，下包围也有更大面积的镀铬装饰圈。

梅赛德斯-奔驰 GLC 级第二代车型将 SUV 的力量与梅赛德斯-奔驰的优雅充分结合，有多种动力配置可选。各个车型均配备 9 挡手自一体，换挡操作快速、平顺，且有助于降低油耗。该车有着较为丰富的舒适性和安全性配置，特别是个性化设置能最大限度地满足驾驶者需求。

讴歌 MDX

讴歌 MDX（Acura MDX）是日本讴歌汽车公司在 2001 年推出的前置前驱 / 四驱 SUV，并分别于 2007 年（第二代）、2014 年（第三代）、2022 年（第四代）推出了换代车型。

讴歌 MDX 第四代车型采用讴歌家族式的钻石五边形格栅。大灯组变为细长形状，且内部为点阵式 LED 光源。车身侧面设计比较简洁，门把手上方笔直的腰线给整车带来了修长的视觉效果。而下方的弧形线条又增强了车身整体肌肉感。车尾造型更加圆润，与棱角十足的前脸造型形成强烈反差。而双边共四出的排气也增强了整车运动性。

内饰方面，延续了讴歌家族设计风格，中控区中央集成空调出风口、空调调节以及座椅加热 / 通风等大量按键。虽然布局复杂，但整体看起来非常具有档次感。另外，讴歌 MDX 第四代车型配备的悬浮式中控屏，也是深受年轻客户喜爱的设计。

基本参数 (2023 年款旗舰版)	
上市时间	2022 年 6 月
级别	中大型 SUV
车身结构	5 门 5 座 SUV
驱动方式	前置四驱
发动机	3.0T 355 马力 V6
变速箱	10 挡自动
长 × 宽 × 高 (毫米)	5039×1999×1704
轴距	2890 毫米
整备质量	2071 千克
最高车速	200 公里 / 时
0~100 公里 / 时加速	5.5 秒

第 5 章　运动型多用途车

讴歌 MDX（第四代车型）侧前方视角

讴歌 MDX（第四代车型）内饰

日产途乐

日产途乐（Nissan Patrol）是日本日产汽车公司在1951年推出的前置后驱/四驱SUV，并分别于1959年（第二代）、1980年（第三代）、1987年（第四代）、1997年（第五代）、2010年（第六代）推出了换代车型。

日产途乐第六代车型的前脸极具力量感，进气格栅尺寸较大，两侧的LED大灯与格栅紧紧相连，造型犀利。车身侧面有两根明显的腰线，彰显车辆的力量感。尾灯造型与前大灯相呼应。日产途乐的内饰简洁舒适，中控台的设计颇具豪华感，使用了皮革、木材以及铝条作为点缀。日产途乐第六代车型采用3排7座布局，座椅宽大舒适，可以为7口之家带来更好的出行体验。

日产途乐第六代车型配备了液压车身动态控制系统，让车辆过弯稳，减震强，抓地牢，并提升驾乘舒适性。此外，还有全方位越野监控系统，可实现实时监控，驾驶者能够可视化掌握方向指南、轮胎打滑、转向角、胎压及油耗等信息。

基本参数 (2023年款旗舰版)	
上市时间	2022年7月
级别	大型SUV
车身结构	5门7座SUV
驱动方式	前置四驱
发动机	5.6L 400马力 V8
变速箱	7挡手自一体
长×宽×高(毫米)	5305×2030×1925
轴距	3075毫米
整备质量	2737千克
最高车速	210公里/时
0~100公里/时加速	7.5秒

第 5 章　运动型多用途车

日产途乐（第六代车型）

日产途乐（第六代车型）内饰

世界汽车鉴赏（珍藏版）

日产奇骏

日产奇骏（Nissan X-Trail）是日本日产汽车公司在 2000 年推出的 SUV，并分别于 2007 年（第二代）、2013 年（第三代）、2021 年（第四代）推出了换代车型。该车在中国市场由东风日产汽车公司负责生产和销售。

基本参数 (2021 年款旗舰版)	
上市时间	2021 年 7 月
级别	紧凑型 SUV
车身结构	5 门 5 座 SUV
驱动方式	前置四驱
发动机	1.5T 204 马力 L3
变速箱	CVT 无级变速
长×宽×高（毫米）	4681×1840×1730
轴距	2706 毫米
整备质量	1705 千克
最高车速	200 公里/时
0~100 公里/时加速	7.2 秒

日产奇骏第四代车型的前脸依旧是日产家族式的经典设计，"U"形的进气格栅辨识度很高，宽大的镀铬饰条也颇有档次。两侧的大灯组是扁平的设计风格，顺应了当下潮流，与下方大尺寸的雾灯搭配，使整个车头看起来更有年轻气息。车身侧面，流畅的线条以及悬浮的车顶，都是现在主流的设计风格。车尾的立体感很强，并微微向上翘起，使整体看起来更有冲击力，有种蓄势待发的视觉效果。

内饰方面，全新的设计风格让人赏心悦目，液晶显示屏也营造出较强的科技感，大量的实体按键让操作更为便利。大量的软性材质使内饰档次提升不少，同时也加入了一些镀铬条装饰。得益于日产汽车对于乘坐舒适感的追求，在保证 SUV 车型特点的同时，日产奇骏的舒适度也有不错的保证，能够很好地满足家用需求。

斯巴鲁森林人

斯巴鲁森林人（Subaru Forester）是日本斯巴鲁汽车公司在 1997 年推出的 SUV，并分别于 2002 年（第二代）、2008 年（第三代）、2012 年（第四代）、2018 年（第五代）推出了换代车型。

基本参数 (2022 年款旗舰版)	
上市时间	2021 年 11 月
级别	紧凑型 SUV
车身结构	5 门 5 座 SUV
驱动方式	前置四驱
发动机	2.0L 154 马力 H4
变速箱	CVT 无级变速
长×宽×高(毫米)	4655×1815×1730
轴距	2670 毫米
整备质量	1567 千克
最高车速	240 公里 / 时
0~100 公里 / 时加速	9.8 秒

斯巴鲁森林人第五代车型的外形显得有些另类。与其他 SUV 粗犷豪放的车头相比，斯巴鲁森林人宽阔扁平的车头更像是一辆豪华轿车。其进气格栅采用贯穿式镀铬饰条装饰，"C"形大灯看起来比较时尚。车身侧面线条动感硬朗，车尾造型简洁大方。双"C"形尾灯与前大灯相呼应，辨识度较高。

斯巴鲁森林人第五代车型的中控台采用对称设计，低配车型未配备大尺寸中控面板，中高配车型配备分体式液晶显示屏。以往的实体按键得以保留，经典的换挡杆也得以延续。

特斯拉 Model Y

特斯拉 Model Y（Tesla Model Y）是美国特斯拉汽车公司在 2020 年推出的纯电动 SUV。

特斯拉 Model Y 与特斯拉 Model 3 共享 75% 的零配件，其尺寸大约比特斯拉 Model 3 大 10%。特斯拉 Model Y 的一体化车头十分简洁，仅在下方留了一道狭长的进气口，给车内提供换气的途径。大灯轮廓类似三角形。有意思的是，特斯拉 Model Y 的日间行车灯是片状的，放置在大灯上方。该车的侧面线条比较流畅，风阻系数做到了轿车的水准。隐藏式车门把手让车身侧面的一体性更强。特斯拉 Model Y 的轮毂造型看起来像一个涡扇，这种设计也是为了降低风阻，减少气流在轮胎附近集结。

特斯拉 Model Y 的内饰是对旧时代的告别，它去掉存在了一个世纪的仪表盘，同时将空调出风口做成隐藏式，中控台清爽干净，仅有一台 15 英寸的中控屏。这种简洁的设计手法也成了新能源车的一种集体特征。

基本参数 (2022 年款旗舰版)	
上市时间	2022 年 8 月
级别	中型 SUV
车身结构	5 门 5 座 SUV
驱动方式	双电动机四驱
电动机	186 马力感应异步 +299 马力永磁同步
变速箱	1 挡固定齿比
长 × 宽 × 高 (毫米)	4750×1921×1624
轴距	2890 毫米
整备质量	2010 千克
最高车速	250 公里 / 时
0~100 公里 / 时加速	3.7 秒

第 5 章　运动型多用途车

特斯拉 Model Y 侧后方视角

特斯拉 Model Y 内饰

沃尔沃 XC60

沃尔沃 XC60（Volvo XC60）是瑞典沃尔沃汽车公司在 2008 年推出的前置前驱 / 四驱 SUV，并于 2017 年（第二代）推出了换代车型。

沃尔沃 XC60 第二代车型是沃尔沃旗下外形比较张扬的一款车型，梯形进气格栅中央的品牌标志尺寸较大，车身侧面的线条极具雕塑感，车辆肩部非常宽大。大轮毂、张扬的轮拱以及车身下方的深色饰件进一步凸显了沃尔沃 XC60 的强悍风格。车身上部的动感线条与车顶大胆的轮廓线相结合，使上部车身尽显动感跑车的魅力。尾门上的"Volvo"标志采用了间距更大的加重字体，提升了视觉冲击力。LED 尾灯进一步突出了后端强有力的肩线。后示廓灯兼做刹车灯在沃尔沃还是第一次，这意味着刹车时整个肩部都会亮起。

沃尔沃 XC60 第二代车型的 9 英寸中控屏采用嵌入式设计，空调出风口位列两侧。12.3 英寸全液晶仪表显示效果细腻，信息集成度丰富。该车配备的双效增强型空气净化系统，可为驾驶舱有效过滤高达 95% 的 PM 2.5 有害颗粒。

基本参数 (2023 年款旗舰版)	
上市时间	2022 年 7 月
级别	中型 SUV
车身结构	5 门 5 座 SUV
驱动方式	前置四驱
发动机	2.0T 250 马力 L4
变速箱	8 挡自动
长×宽×高(毫米)	4708×1902×1660
轴距	2865 毫米
整备质量	1931 千克
最高车速	180 公里 / 时
0~100 公里 / 时加速	7.1 秒

第 5 章 　运动型多用途车

沃尔沃 XC90

沃尔沃 XC90（Volvo XC90）是瑞典沃尔沃汽车公司在 2002 年推出的前置前驱/四驱 SUV，并于 2015 年（第二代）推出了换代车型。

沃尔沃 XC90 第二代车型的外形大气时尚，全新设计的内凹式镀铬进气格栅，搭配较低的前保险杠，使沃尔沃 XC90 的前脸更具张力。家族式"雷神之锤"LED 大灯，充满个性印记。大尺寸的合金轮毂，采用钻石切割工艺打造而成。

基本参数 (2023 年款旗舰版)	
上市时间	2022 年 8 月
级别	中大型 SUV
车身结构	5 门 7 座 SUV
驱动方式	前置四驱
发动机	2.0T 299 马力 L4
变速箱	8 挡自动
长 × 宽 × 高 (毫米)	4953×1958×1776
轴距	2984 毫米
整备质量	2179 千克
最高车速	180 公里 / 时
0~100 公里 / 时加速	6.7 秒

沃尔沃 XC90 第二代车型采用黑梣木内饰条，保留原木质感。由于驾驶舱前移，沃尔沃 XC90 第二代车型的内部空间比第一代车型更加宽敞。其座椅布置和设计完全体现驾驶性和实用性理念。纳帕真皮打孔面料座椅，符合人体工程学设计。前排座椅采用包裹式设计，所有座椅表面均添加柔软覆盖层。

沃尔沃 XC90（第二代车型）侧前方视角

沃尔沃 XC90（第二代车型）内饰

英菲尼迪 QX60

  英菲尼迪 QX60（Infiniti QX60）是日本英菲尼迪汽车公司在 2012 年推出的前置前驱/四驱 SUV，并于 2022 年（第二代）推出了换代车型。

  英菲尼迪 QX60 第二代车型的车头变得更加方正，线条感更强。前大灯的造型变得更加狭长，比上一代车型利落不少。三段式日间行车灯开眼角的设计让前脸看起来更加精神。前包围的变化很大，两侧变得狭长的进气槽增强了前脸的视觉冲击力。虽然英菲尼迪 QX60 第二代车型的体型较大，但是悬浮式车顶的设计在一定程度上抵消了部分臃肿感，镀铬饰条的侧裙和双色花瓣造型的轮毂设计也让整车看起来更加精致时尚。车尾的造型更加立体，没有了上一代车型的厚重感。狭长的 LED 尾灯代替了上一代车型的分体式尾灯设计，拉长了尾部的视觉效果。

  英菲尼迪 QX60 第二代车型的内饰采用了全新的设计，与上一代车型相比变化很大。取消了大量的物理按键，也取消了木纹饰板，改用大量的皮质包裹。贯穿式空调出风口的设计将中控台分为了两部分，上半部分只有 12.3 英寸的悬浮式液晶屏，下半部分是实体按键和触控屏。

基本参数（2022 年款旗舰版）	
上市时间	2022 年 2 月
级别	中大型 SUV
车身结构	5 门 6 座 SUV
驱动方式	前置四驱
发动机	2.0T 252 马力 L4
变速箱	9 挡手自一体
长×宽×高（毫米）	5127×2005×1767
轴距	2900 毫米
整备质量	2171 千克
最高车速	190 公里/时
0~100 公里/时加速	7.6 秒

英菲尼迪 QX80

英菲尼迪 QX80（Infiniti QX80）是日本英菲尼迪汽车公司在 2004 年推出的前置后驱/四驱 SUV，并于 2010 年（第二代）推出了换代车型。第二代车型分别于 2015 年和 2018 年推出了改款车型。

基本参数 (2022 年款旗舰版)	
上市时间	2022 年
级别	大型 SUV
车身结构	5 门 5 座 SUV
驱动方式	前置四驱
发动机	5.6L 440 马力 V8
变速箱	7 挡手自一体
长×宽×高（毫米）	5290×2047×1940
轴距	3075 毫米
整备质量	2785 千克
最高车速	225 公里/时
0~100 公里/时加速	7.5 秒

英菲尼迪 QX80 的整体设计偏向于硬派 SUV，前脸采用了方正的矩形进气格栅，用高亮的镀铬饰条包裹，中间部位是银色的品牌标志。大灯组采用分体式设计，内部用灯带勾勒出较为犀利的形状，夜间辨识度较高。下包围处采用了较为复杂的设计，并用镀铬饰条装饰，立体感较为强烈。车身侧面的线条并不复杂，视觉效果较为饱满稳重，采用了与车漆相同颜色的轮眉，整体感较强。尾灯组采用镀铬饰条连接，形成贯穿式设计。

英菲尼迪 QX80 的内饰设计更偏向于舒适豪华，定位为大型 SUV 的它具有 6 座、7 座两种不同的座椅布局，但均采用了主流的纳帕真皮包裹，尤其是第二排的独立座椅设计，可以给人带来足够的乘坐舒适度。

第 6 章　多功能休旅车

　　多功能休旅车（MPV）是由旅行车演变而来，它集旅行车的宽大乘员空间、轿车的舒适性和厢式货车的功能于一身，一般为两厢式结构，可以乘坐 7~8 人。多功能休旅车的空间要比同排量的轿车更大，也存在尺寸规格之分，但不像轿车那么细致。本章主要介绍世界主要汽车品牌旗下正在销售的重要车型，同时加入了 MPV 发展史上一些影响力较大的车型。

别克 GL6

别克 GL6（Buick GL6）是上汽通用汽车公司在 2017 年推出的 MPV，仅在中国市场销售。别克 GL6 的定位低于别克 GL8，主要针对低价位的 MPV 市场。

别克 GL6 采用别克家族式设计，标志性的格栅很有辨识度，两侧的大灯也有不错的美感。车身颜色上，有紫色、金色、灰色、白色可供选择。内饰方面，显得较为素雅，联屏式设计的中控屏带来了一定的时尚气息，双色的内饰也不会让车内显得很沉闷。配置方面，入门车型标配了前悬架外后视镜电动调节、内后视镜手动防眩目、车身稳定控制、后座出风口、制动力分配、第二排座椅前后调节、蓝牙/车载电话、CarPlay 等常用功能。动力方面，别克 GL6 采用了 1.3 升 I3 涡轮增压汽油发动机和电动机组成的轻混系统，峰值扭矩为 230 牛·米。

基本参数 (2021 年款旗舰版)	
上市时间	2020 年 11 月
级别	紧凑型 MPV
车身结构	5 门 6 座 MPV
驱动方式	前置前驱
发动机	1.3T 163 马力 L3
变速箱	6 挡手自一体
长×宽×高（毫米）	4692×1794×1626
轴距	2796 毫米
整备质量	1525 千克
最高车速	190 公里/时
0~100 公里/时加速	11 秒

别克 GL8

别克 GL8（Buick GL8）是上汽通用汽车公司在 2000 年推出的前置前驱/四驱 MPV，并分别于 2010 年（第二代）、2017 年（第三代）、2022 年（第四代）推出了换代车型。

别克 GL8 第一代车型是在旁蒂克蒙大拿（Pontiac Montana）的基础上改良而来。2005 年，在第一代车型的基础上对前脸造型、车身空气动力学设计等方面作了较大的修改，并命名为别克 GL8 陆尊。2010 年，

基本参数(2023 年款别克 GL8 艾维亚旗舰版)	
上市时间	2022 年 8 月
级别	大型 MPV
车身结构	5 门 4 座 MPV
驱动方式	前置前驱
发动机	2.0T 237 马力 L4
变速箱	9 挡手自一体
长×宽×高(毫米)	5219×1878×1799
轴距	3088 毫米
整备质量	2040 千克
最高车速	195 公里/时
0~100 公里/时加速	9.8 秒

推出了改进较大的别克 GL8 豪华商务车，用于开辟豪华商务车市场。2017 年，第三代车型在设计、动力、安全、科技以及工艺品质方面全面突破与创新，满足不同用户的多元化用车需求。2022 年，由别克 GL8 艾维亚、别克 GL8 ES 陆尊和别克 GL8 陆上公务舱三大系列组成的全新一代别克 GL8 正式亮相，实现上汽通用汽车公司对 MPV 市场的全面布局。其中，别克 GL8 艾维亚有 4 座尊礼版、6 座贤礼版、7 座亲礼版三款车型。4 座尊礼版是旗舰车型，6 座贤礼版的三排座椅均为独立扶手座椅设计，而 7 座亲礼版则更注重家庭用车需求，"2+2+3"座椅布局支持第三排座椅 6:4 分割放倒。

别克 GL8（第三代车型）后排座椅

别克 GL8（第三代车型）驾驶位

第 6 章 多功能休旅车

本田奥德赛

本田奥德赛（Honda Odyssey）是日本本田汽车公司在 1994 年推出的前置前驱 / 四驱 MPV，并分别于 1999 年（第二代）、2003 年（第三代）、2008 年（第四代）、2013 年（第五代）推出了换代车型。从第二代车型起，分为日规和美规两个版本，美规比日规尺寸更大。1999 年，广汽本田汽车公司开始将日规车型引进中国生产和销售。

基本参数 (2022 年款旗舰版)	
上市时间	2022 年 11 月
级别	中型 MPV
车身结构	5 门 4 座 MPV
驱动方式	前置前驱
发动机	2.0L 146 马力 L4
变速箱	E-CVT 无级变速
长×宽×高（毫米）	4861×1820×1705
轴距	2900 毫米
整备质量	1997 千克
最高车速	160 公里 / 时
0~100 公里 / 时加速	9 秒

本田奥德赛第五代车型的车身尺寸比上一代车型更大，有 4 座版和 7 座版可供选择，7 座版的中排座椅为桶型座椅。外形上，采用本田最新的家族式设计，大尺寸的进气格栅内部有多横幅式的饰条进行装饰，搭配两侧较为犀利的大灯造型，呈现出很好的立体感。车身侧面的设计比较扎实稳重，采用流畅的车身线条勾勒出动感的车身造型，在 B 柱和 C 柱采用了亮黑色的饰条，精致感有着明显的提升。内饰方面，整体设计更加整洁，中控台的设计有着丰富的层次感，大尺寸悬浮式液晶显示屏非常显眼。

本田艾力绅

本田艾力绅（Honda Elysion）是日本本田汽车公司在 2004 年推出的 MPV，东风本田汽车公司于 2012 年将其引进中国生产和销售，并于 2015 年（第二代）推出了换代车型。

本田艾力绅是本田奥德赛的姊妹车型，两者存在不少相似之处，但也有很多不同的设计。与本田奥德赛相比，本田艾力绅的前脸采用了尺寸更大的六边形进气格栅，内部的横向饰条采用了较为厚重的镀铬装饰。18 英寸铝合金轮毂设计通过放射状的多条穿透式辐条，体现出向外的延伸感与品质感。本田艾力绅全系车型搭载了第三代 i-MMD 混合动力系统，拥有高功率双电机和锂离子动力电池组，集 EV 模式（EV）、混合动力模式（HV）、发动机直连模式（ENG）三种智能行驶模式于一身，高能低耗的动力组合，既对环境友好，也有出色的静音体验。

基本参数 (2022 年款旗舰版)	
上市时间	2021 年 12 月
级别	中型 MPV
车身结构	5 门 7 座 MPV
驱动方式	前置前驱
发动机	2.0L 146 马力 L4
变速箱	E-CVT 无级变速
长×宽×高（毫米）	4951×1842×1711
轴距	2900 毫米
整备质量	1987 千克
最高车速	160 公里 / 时
0~100 公里 / 时加速	9 秒

第6章 多功能休旅车

大众途安L

大众途安L（Volkswagen Touran L）是大众途安的中国市场衍生车型，后者是德国大众汽车公司在2003年推出的MPV，并于2015年（第二代）推出了换代车型。2004年，上期大众汽车公司将其引进中国生产和销售。

与欧洲版相比，途安L的主要变化是车身长度、宽度和高度均有所增加。前脸采用大众家族式设计，配备横幅式进气格栅，与两侧灯组相贯通，延展视觉宽度。车身侧面采用两条贯穿整车的腰线，使车身更加硬朗方正。尾部造型饱满，尾灯采用横向分体式设计，排气口采用了单边双出的布局。内饰方面，同样采用了大众家族化设计，精致的用料以及木纹饰板的点缀提升了档次感，同时内饰颜色的选用也较为淡雅，更加凸显出它是以家庭为主导的MPV车型。中控8英寸触控显示屏为全系标配，系统支持CarPlay及CarLife，集成了多媒体及导航等功能，除了最低配为手动空调，其余均配备了自动空调。

基本参数 (2021年款旗舰版)	
上市时间	2020年8月
级别	紧凑型MPV
车身结构	5门7座MPV
驱动方式	前置前驱
发动机	1.4T 150马力 L4
变速箱	7挡干式双离合
长×宽×高(毫米)	4537×1834×1682
轴距	2791毫米
整备质量	1575千克
最高车速	190公里/时
0~100公里/时加速	9.3秒

大众威然

大众威然（Volkswagen Viloran）是上汽大众汽车公司在 2020 年推出的 MPV，仅在中国市场内生产和销售。

大众威然的前脸采用了较多的横向线条装饰，整个前脸给人的视觉感受比较前卫。饱满的发动机舱盖上有隆起的筋线装饰，展现出运动感与力量感。在两侧导流槽位置，使用镀铬饰条横向贯穿，与进气格栅设计一脉相承。车身侧面，设计

基本参数 (2023 年款旗舰版)	
上市时间	2022 年 9 月
级别	中大型 MPV
车身结构	5 门 7 座 MPV
驱动方式	前置前驱
发动机	2.0T 220 马力 L4
变速箱	7 挡湿式双离合
长×宽×高(毫米)	5346×1976×1781
轴距	3180 毫米
整备质量	2190 千克
最高车速	200 公里/时
0~100 公里/时加速	9.3 秒

了立体的贯穿式腰线以及前低后高的侧裙线条。车尾的顶部采用了扰流翼设计，尾灯通过贯穿车尾的镀铬饰条连接，与前脸的设计相吻合。

内饰方面，大众威然采用简约的环抱式设计，中控台使用木纹饰板装饰，配合车内大量镀铬元素和软质材料，给客户的视觉和触觉感受都比较优秀。虽然悬浮式中控屏尺寸不大，但是也为客户提供了语音控制、车联网等主流功能，能够为客户出行提供方便。

第6章 多功能休旅车

丰田赛那

丰田赛那（Toyota Sienna）是日本丰田汽车公司在1997年推出的前置前驱/四驱MPV，并分别于2003年（第二代）、2010年（第三代）、2020年（第四代）推出了换代车型。自第二代车型起，丰田赛那以平行进口方式来到中国。2021年，广汽丰田汽车公司将其引进中国生产和销售。

广汽丰田汽车公司生产的丰田赛那与国际版基本一致，整体线条较为运动、时尚。该车打破了传统MPV的方正外形，通过凝练的车身线条，实现了充满力量与张力的外形设计。前脸下部采用大面积的进气格栅造型，横幅镀铬装饰条贯穿其中，两侧雾灯造型犀利。为了提升安全性，丰田赛那全系标配9个安全气囊。同时，该车搭载了丰田全新一代智行安全系统，实现准L2级辅助智能驾驶，诸如自适应巡航、车道保持辅助、车道偏离预警等功能实现了全系标配。

基本参数（2021年款旗舰版）	
上市时间	2021年10月
级别	中大型MPV
车身结构	5门7座MPV
驱动方式	前置前驱
发动机	2.5L 192马力 L4
变速箱	E-CVT无级变速
长×宽×高(毫米)	5165×1995×1765
轴距	3060毫米
整备质量	2145千克
最高车速	180公里/时
0~100公里/时加速	8.2秒

丰田埃尔法

丰田埃尔法（Toyota Alphard）是日本丰田汽车公司在2002年推出的前置前驱/四驱MPV，并分别于2008年（第二代）、2015年（第三代）推出了换代车型。

丰田埃尔法第一代车型上市不久便成为丰田汽车公司在日本最畅销的MPV车型。第一代车型还是日本市场上第一款采用激光制导巡航定速的MPV，作为V6发动机版本的可选配置。第二代车型的外形更现代，内部更豪华。此外，正式推出了分支车型丰田威尔法。根据丰田汽车公司的说法，丰田埃尔法被描述为具有"优雅而精致"的设计，丰田威尔法则强调"实力和强烈的个性"。

第三代车型与上一代车型相比长度增加了60毫米，宽度增加了20毫米，轴距增加了50毫米，但高度缩短了10毫米。外形方面，进气格栅的尺寸变得更大，前灯采用更纤细的LED大灯。内饰方面，木纹饰板、搪塑软材质和大面积皮质的采用，显著提升了质感。无论是前排座椅还是第三排座椅，空间都比较宽敞，客户可以保持任何舒适的姿态乘坐。

基本参数 (2023年款旗舰版)	
上市时间	2022年10月
级别	中大型MPV
车身结构	5门7座MPV
驱动方式	前置四驱
发动机	2.5L 117马力 L4
变速箱	E-CVT 无级变速
长×宽×高（毫米）	4975×1850×1945
轴距	3000毫米
整备质量	2290千克
最高车速	152公里/时
0~100公里/时加速	8.3秒

第 6 章　多功能休旅车

丰田埃尔法（第三代车型）侧前方视角

丰田埃尔法（第三代车型）内饰

梅赛德斯-奔驰 V 级

梅赛德斯-奔驰 V 级（Mercedes-Benz V Class）是德国梅赛德斯-奔驰汽车公司在 1996 年推出的 MPV，并分别于 2003 年（第二代）、2014 年（第三代）推出了换代车型。2010 年，福建奔驰汽车公司将其引进中国生产和销售。

福建奔驰汽车公司生产的梅赛德斯-奔驰 V 级在前脸造型上与国际版基本保持了相同的设计。其进气格栅为镀铬处理的双横幅样式，前大灯采用全 LED 光源。前包围设计经过全新设计，有很强的运动风格。内饰方面，全新设计的涡轮形空调出风口，带有巴黎钉纹和孔雀木纹的中控台饰件，加上环境氛围灯以及柏林之声音响，带来出众的驾乘感受。

梅赛德斯-奔驰 V 级全系标配空气悬架，车辆可根据路况自动调节悬架软硬，乘客坐在舒适的座椅上，几乎不会感受到复杂地形变化带来的冲击感。动力方面，全系搭载 2 升涡轮增压发动机，最大功率为 211 马力，峰值扭矩为 350 牛·米，最大功率转速为每分钟 5500 转，最大扭矩转速

基本参数 (2021 年款旗舰版)	
上市时间	2021 年 9 月
级别	中大型 MPV
车身结构	5 门 7 座 MPV
驱动方式	前置后驱
发动机	2.0T 211 马力 L4
变速箱	9 挡手自一体
长×宽×高（毫米）	5400×1928×1920
轴距	3430 毫米
整备质量	2550 千克
最高车速	185 公里/时
0~100 公里/时加速	8.6 秒

第6章 多功能休旅车

为每分钟 1250 转到 4000 转，发动机采用缸内直喷技术，并且使用铝合金缸盖缸体。

梅赛德斯-奔驰 V 级（第三代车型）侧前方视角

梅赛德斯-奔驰 V 级（第三代车型）内饰

马自达 MPV

马自达 MPV（Mazda MPV）是日本马自达汽车公司在 1988 年推出的 MPV，并分别于 1999 年（第二代）、2006 年（第三代）推出了换代车型。第三代车型海外版改称马自达 8，而日本市场则继续沿用旧车名。2010 年，一汽马自达汽车公司开始在中国市场生产和销售马自达 8。

一汽马自达汽车公司生产的马自达 8 与日本市场的马自达 MPV 在外观造型和内饰设计上基本一致，

基本参数 (2015 年款旗舰版)	
上市时间	2015 年 1 月
级别	中型 MPV
车身结构	5 门 7 座 MPV
驱动方式	前置前驱
发动机	2.5L 160 马力 L4
变速箱	5 挡手自一体
长×宽×高（毫米）	4860×1852×1685
轴距	2950 毫米
整备质量	1787 千克
最高车速	185 公里/时
0~100 公里/时加速	11.8 秒

但最初只有 2.3 升 L4 自然吸气发动机一种动力配置，匹配 4 挡手自一体变速箱。由于动力不足，马自达 8 在中国市场屡遭诟病。2012 年，一汽马自达汽车公司推出改款车型，更换动力更大的 2.5 升 L4 自然吸气发动机以及 5 挡手自一体变速箱。2015 年，一汽马自达汽车公司再次推出改款车型，新增 LED 日间行车灯、副驾驶四向调节电动座椅、倒车影像、不锈钢迎宾踏板等配置。2016 年，日本马自达汽车公司宣布停产，但中国市场仍持续销售至 2017 年。

马自达普力马

马自达普力马（Mazda Premacy）是日本马自达汽车公司在 1999 年推出的前置前驱 / 四驱 MPV，并分别于 2004 年（第二代）、2010 年（第三代）推出了换代车型，2018 年停产。自第二代起，海外版改称马自达 5，而日本市场则继续沿用旧车名。2004 年，一汽海马汽车公司将其引进中国生产和销售，2014 年停产。

马自达普力马以其独特的市场定位以及产品特色迅速打开了市场，它摒弃了 MPV 过重的商务气息，在车身尺寸和功能设计上都瞄准以家庭为单位的大众消费者，从而避免与更早上市的别克 GL8 和本田奥德赛展开正面竞争。马自达普力马的驾驶与副驾驶座椅的包覆性较其后两排座椅要好，主要是因为后两排座椅采用的是非全独立式座椅。中间一排的座椅底座为一体式，可整体移动、拆卸，而它的两个椅背可独立折叠。最后一排的座椅为整体式，可折叠、拆卸但不可移动。

基本参数 (2014 年款旗舰版)	
上市时间	2013 年 11 月
级别	紧凑型 MPV
车身结构	5 门 7 座 MPV
驱动方式	前置前驱
发动机	1.8L 122 马力 L4
变速箱	CVT 无级变速
长×宽×高(毫米)	4430×1718×1609
轴距	2670 毫米
整备质量	1370 千克
最高车速	170 公里 / 时
0~100 公里 / 时加速	12 秒

起亚嘉华

起亚嘉华（Kia Carnival）是韩国起亚汽车公司在1998年推出的MPV，并分别于2005年（第二代）、2014年（第三代）、2020年（第四代）推出了换代车型。该车在中国市场由悦达起亚汽车公司负责生产和销售。

相比传统的MPV造型，起亚嘉华第四代车型采用了更加硬朗的设计元素，LED大灯组与前格栅融为一体，给人以稳重大气的视觉感受。此外，相比传统MPV略显单调的颜色搭配，起亚嘉华第四代车型除了传统的黑白配色，还加入了灰色、蓝色等相对年轻有活力的颜色搭配，无论是商务接待还是家庭出游均能胜任。其C柱采用大面积银色护板装饰，很有辨识度，这也是整车侧面设计的最大亮点。车尾造型相对简约，但仍与车头相呼应，贯穿式尾灯的设计可以尽量拉伸车尾的视觉宽度。内饰方面，全系标配12.3英寸全液晶仪表盘和12.3英寸中控屏。该车采用"2+2+3"的7座布局，第二排座椅可以横向移动、一键放倒，方便车内乘员进出第三排，同时也让第二排的乘客更加舒适。

基本参数(2021年款旗舰版)	
上市时间	2021年9月
级别	中大型MPV
车身结构	5门7座MPV
驱动方式	前置前驱
发动机	2.0T 233马力 L4
变速箱	8挡手自一体
长×宽×高(毫米)	5155×1995×1795
轴距	3090毫米
整备质量	2095千克
最高车速	205公里/时
0~100公里/时加速	9.2秒

第 6 章　多功能休旅车

起亚嘉华（第四代车型）

起亚嘉华（第四代车型）内饰

日产贵士

日产贵士（Nissan Quest）是日本日产汽车公司在1992年推出的MPV，并分别于1999年（第二代）、2004年（第三代）、2011年（第四代）推出了换代车型。该车是日产第一款真正意义上的MPV，也曾是日产在美国市场上的主力军。第四代车型的表现不佳，推出后在北美市场的销量一直处于下滑状态，其中一个原因是它在IIHS碰撞测试中的25%偏置碰撞得到了"Poor"（差）

基本参数 (2015年款旗舰版)	
上市时间	2015年2月
级别	中大型MPV
车身结构	5门7座MPV
驱动方式	前置前驱
发动机	3.5L 277马力 V6
变速箱	CVT无级变速
长×宽×高(毫米)	5109×1970×1852
轴距	3000毫米
整备质量	2075千克
最高车速	190公里/时
0~100公里/时加速	9.5秒

的评价。从2014年开始，日产贵士开始相继退出加拿大、美国、中国等市场，最终于2016年停产。

日产贵士是一款由日产美国设计公司设计，位于美国密西西比州坎顿的日产生产基地生产的MPV，具有美国汽车所特有的宽敞空间、强劲动力和极具吸引力的外形设计，同时兼具日本汽车细腻、流畅的风格。日产贵士低矮而突出的车头让发动机舱和乘员舱有明显的分界，下陷的保险杠造型和不规则的五边形车灯赋予其更多现代感。车身侧面由不规则的曲线构成，A柱向后延伸形成了独特的拱形车顶。

日产君爵

日产君爵（Nissan Elgrand）是日本日产汽车公司在 1997 年推出的 MPV，并分别于 2002 年（第二代）、2010 年（第三代）推出了换代车型。该车前两代车型采用前置后驱/四驱布局，第三代车型采用前置前驱/四驱布局。

日产君爵第三代车型采用大面积的银色饰条进气格栅，分体式的大灯组极具视觉冲击力。车身侧面采用双腰线设计，第一条腰线由车头开始向后延伸，一直到 A 柱位置。第二条腰线则从 A 柱的下方一直贯穿到车尾，能够最大限度地展现整车的力量感。两侧车门均为电动侧滑门，搭配悬浮式车窗，突出时尚感。车尾一条银色的饰条贯穿，尾灯尺寸较大，辨识度较高。该车的内饰采用稳重传统的设计，"T"形中控台也是日产最常见的内饰布局，中控屏为内嵌式设计，下方采用断崖式的设计，形成强烈的层次感。搭配触摸式功能按键以及全液晶仪表盘，在传统的基础上也提升了科技感。

基本参数 (2022 年款旗舰版)	
上市时间	2022 年 4 月
级别	中大型 MPV
车身结构	5 门 7 座 MPV
驱动方式	前置四驱
发动机	3.5L 280 马力 V6
变速箱	CVT 无级变速
长×宽×高(毫米)	4915×1850×1815
轴距	3000 毫米
整备质量	2080 千克
最高车速	200 公里/时
0~100 公里/时加速	9 秒

现代库斯途

现代库斯途（Hyundai Custo）是北京现代汽车公司在2021年推出的MPV。

现代库斯途采用现代家族式设计，前脸与现代途胜有几分相似，采用时下流行的大尺寸进气格栅，内部为满天星镀铬装饰设计，并进行熏黑处理，具有较强的视觉冲击力。两侧大灯与进气格栅融为一体，显得紧凑精致，同时拉伸车身的视觉宽度。车身侧面采用双腰线设计，

基本参数 (2021年款旗舰版)	
上市时间	2021年9月
级别	中大型MPV
车身结构	5门7座MPV
驱动方式	前置前驱
发动机	2.0T 236马力L4
变速箱	8挡手自一体
长×宽×高（毫米）	4950×1850×1734
轴距	3055毫米
整备质量	1754千克
最高车速	210公里/时
0~100公里/时加速	8.8秒

呈现出较为立体的视觉效果。同时还搭配双色轮毂，加强了运动氛围。尾部采用贯穿式尾灯设计，尾灯中间标有英文字母HYUNDAI。

现代库斯途采用了双侧侧滑门的设计，乘客上下车比较轻松。该车的内饰风格简洁时尚，四幅式平底多功能方向盘、10.4英寸中控竖屏、大尺寸全液晶仪表盘以及按键式的换挡机构，营造出浓厚的科技氛围。与其他MPV车型一样，现代库斯途的第二排座椅采用独立式设计，可以调节座椅角度，并带有电动腿托功能，同时第二排车窗还配有手动遮阳帘和双天窗的设计。

第7章 皮 卡

　　皮卡是一种采用轿车车头和驾驶室，同时带有敞开式货车车厢的车型。其特点是既有轿车般的舒适性，又不失动力强劲，而且载货能力和适应不良路面的能力比轿车更强。本章主要介绍世界主要汽车品牌旗下正在销售的重要车型，同时加入了皮卡发展史上一些影响力较大的车型。

道奇公羊

道奇公羊（Dodge Ram）是美国道奇汽车公司在1980年推出的前置后驱/四驱皮卡，并分别于1994年（第二代）、2002年（第三代）、2009年（第四代）、2019年（第五代）推出了换代车型。

道奇公羊的外形紧凑，前脸短小，与前挡风玻璃有弧形过渡，整体感较好。宽大的进气格栅位于车头正中位置，方形的前大灯组与格栅融为一体。为减小风阻，车顶造型比较圆滑。铁质前保险杠带有拖车钩，散发着金属气息。另外，道奇公羊全系车型都采用裙边设计，显得车身更加稳重。

道奇公羊的真皮座椅各自独立，配有加热、通风等舒适功能，每个座椅配备一个操控手柄，各项功能由乘客自己控制，运动座椅所带来的包裹性要比普通座椅好很多，后排中间乘客同样拥有头枕和三点式安全带。中控台的设计简洁硬派，符合道奇公羊的气质。仪表盘底边有花纹，完全摆脱了美式的粗糙感，无论是边缘、接缝，都处理得极为精细。

基本参数 (2021年款旗舰版)	
上市时间	2021年
级别	大型皮卡
车身结构	4门双排座
驱动方式	前置四驱
发动机	6.2T 702马力 V8
变速箱	8挡手自一体
长×宽×高(毫米)	6142×2085×2012
轴距	3899毫米
整备质量	2500千克
最高车速	189公里/时
0~100公里/时加速	4.5秒

道奇公羊(第五代车型)侧前方视角

道奇公羊(第五代车型)内饰

大众阿玛洛克

大众阿玛洛克（Volkswagen Amarok）是德国大众汽车公司在 2010 年推出的前置后驱 / 四驱皮卡，有 2 门单排座和 4 门双排座两种车身结构。2022 年 7 月，大众汽车公司宣布将与福特汽车公司合作研发大众阿玛洛克第二代车型。

基本参数 (2021 年款旗舰版)	
上市时间	2021 年
级别	中型皮卡
车身结构	4 门双排座
驱动方式	前置四驱
发动机	3.0T 272 马力 V6
变速箱	8 挡手自一体
长 × 宽 × 高（毫米）	5254×2019×1878
轴距	3095 毫米
整备质量	2324 千克
最高车速	207 公里 / 时
0~100 公里 / 时加速	8 秒

大众阿玛洛克的前脸颇具侵略性，全宽度格栅与大众途锐不太一样，发动机罩微微上倾。车身侧面借鉴了大众途昂的灵感，巨大的轮毂、方形轮眉以及笔直的腰线，力量感十足。由于使用了越野轮胎，大众阿玛洛克的离地间隙相当大。透过剖开的前保险杠，可以看到底盘防护板和前悬架的大部分。

内饰方面，大众阿玛洛克采用与大众轿车相似的设计。在暗黑的基调之中，直、方与圆的线条占了绝大多数，没有复杂的曲线与过多的装饰，显得朴实而优雅。中控台的铺陈显得简单而实用，上方整合卫星导航、蓝牙行动通信的多媒体音响系统，搭配下方的双区恒温空调系统，简单地将中控台界面一分为二，并且运用操作面板上的黑色镜面饰板，以及旋钮、按键上的金属元素点缀，使得中控台的质感有所提升。

福特游骑兵

福特游骑兵（Ford Ranger）是美国福特汽车公司在 1983 年推出的前置后驱/四驱皮卡，并分别于 1993 年（第二代）、1998 年（第三代）、2001 年（第三代第一次改款）、2004 年（第三代第二次改款）、2006 年（第三代第三次改款）、2019 年（第四代）推出了换代或改款车型。前三代车型定位为紧凑型皮卡，第四代车型定位为中型皮卡。

基本参数 (2019 年款旗舰版)	
上市时间	2019 年
级别	中型皮卡
车身结构	4 门双排座
驱动方式	前置四驱
发动机	2.3L 274 马力 L4
变速箱	10 挡手自一体
长×宽×高(毫米)	5398×2028×1873
轴距	3226 毫米
整备质量	2014 千克
最高车速	200 公里/时
0~100 公里/时加速	8.5 秒

福特游骑兵以高大的车身和 SUV 般的驾乘感受为主要卖点。该车拥有尺寸较大的进气格栅、粗大的前保险杠。其内饰设计偏向于实用性和耐用性，同时考虑了人机工程学。设计师充分考虑了驾驶者的驾驶空间以及乘坐舒适性，并且方便驾驶者和乘客进出。同时，卡车的设计风格也保证了它的内饰要比其他车型更加耐用。福特汽车公司还提供了各种套件以优化福特游骑兵的道路舒适性或越野娱乐性。

福特 F-150 猛禽

福特F-150猛禽（Ford F-150 Raptor）是美国福特汽车公司在2010年推出的前置后驱/四驱皮卡，并分别于2017年（第二代）、2021年（第三代）推出了换代车型。该车是福特F-150系列皮卡中的高性能版本。

福特F-150猛禽有着巨大的长方形蜂窝式格栅，中间镶嵌着巨大的英文字母FORD，再加上粗壮的前保险杠和银色护板，以

基本参数（2022年款旗舰版）	
上市时间	2022年
级别	大型皮卡
车身结构	4门双排座
驱动方式	前置四驱
发动机	5.2T 700马力 V8
变速箱	10挡手自一体
长×宽×高（毫米）	5890×2190×1990
轴距	3710毫米
整备质量	2584千克
最高车速	200公里/时
0~100公里/时加速	4.5秒

及颇具野性气息的黑色塑料轮眉，使车头具有很强的视觉冲击力。大灯完全镶嵌入了车头，发动机舱盖棱角分明。虽然福特F-150猛禽的轴距超过了3.7米，但高底盘的设定和大尺寸轮毂让车身比例非常协调。

福特F-150猛禽中控台的布局彰显硬朗粗犷的风格，多功能方向盘集成了音响系统、定速巡航及蓝牙电话等控制按键。中央控制区搭配了触控式显示屏，其下方则是多媒体控制区及空调面板，采用旋钮加物理按键的组合。前排座椅配有电加热和电通风功能，真皮座椅乘坐舒适，第二排坐垫可以向上翻起，后排乘客的腿部空间非常宽裕。

第7章 皮 卡

福特 F-150 猛禽（第三代车型）在沙漠中行驶

福特 F-150 猛禽（第三代车型）内饰

丰田海拉克斯

丰田海拉克斯（Toyota Hilux）是日本丰田汽车公司在1968年推出的前置后驱/四驱皮卡，并分别于1972年（第二代）、1978年（第三代）、1983年（第四代）、1988年（第五代）、1997年（第六代）、2004年（第七代）、2015年（第八代）推出了换代车型。前六代车型定位为紧凑型皮卡，第七代和第八代车型定位为中型皮卡。丰田海拉克斯以可靠性和耐用性著称，曾被作为极地运输工具及沙漠越野赛车。

基本参数 (2022年款旗舰版)	
上市时间	2022年
级别	中型皮卡
车身结构	4门双排座
驱动方式	前置四驱
发动机	4.0L 238马力 V6
变速箱	6挡手自一体
长×宽×高（毫米）	5335×1855×1815
轴距	3085毫米
整备质量	2100千克
最高车速	175公里/时
0~100公里/时加速	7.6秒

丰田海拉克斯第八代车型保持了丰田皮卡车型一贯的硬朗气质，但在细节处理上融入了更加精致的设计元素。前保险杠下部更加突出，而后保险杠增加了全新的拖车横梁，使受力更加均匀。内饰方面，丰田海拉克斯提供了真皮座椅、多功能方向盘、中控台大尺寸触摸显示屏、蓝牙电话、导航系统、自动空调和后排出风口等，内饰设计和做工已经接近丰田都市SUV车型的水准。丰田海拉克斯分为两驱和四驱车型，四驱车型采用了带有后桥差速锁的分时四驱系统，并且带有低速四驱模式。

丰田海拉克斯（第八代车型）侧面视角

丰田海拉克斯（第八代车型）内饰

丰田塔科马

丰田塔科马（Toyota Tacoma）是日本丰田汽车公司在1995年推出的前置后驱/四驱皮卡，并分别于2004年（第二代）、2015年（第三代）推出了换代车型。第一代车型定位为紧凑型皮卡，第二代和第三代车型定位为中型皮卡。

丰田塔科马第三代车型的车头造型结实有力，发动机舱盖高高隆起，从六边形进气格栅一直向后延伸的线条勾勒出孔武有力的硬朗形

基本参数 (2022年款旗舰版)	
上市时间	2022年
级别	中型皮卡
车身结构	4门双排座
驱动方式	前置四驱
发动机	3.5L 282马力 V6
变速箱	6挡自动
长×宽×高(毫米)	5728×1910×1793
轴距	3571毫米
整备质量	2032千克
最高车速	160公里/时
0~100公里/时加速	7.7秒

象。进气格栅采用分层式结构，加以镀铬包边处理，前大灯内部有LED日间行车灯。内饰方面，大量使用硬朗线条和规则曲线，风格比较粗犷。中控台设计简洁，配有大尺寸液晶显示屏，驾驶者可以方便地读取显示屏上的信息。车载系统支持苹果CarPlay和谷歌Android Auto两种连接方式，紧跟时代步伐。由于车厢地板较高，而座椅坐姿很低，造成乘客腿部支撑不足，长途旅行容易感到疲劳。好在车内其他部分的设计都很好地考虑了人机工程学，并且做工和用料上乘。

丰田坦途

丰田坦途（Toyota Tundra）是日本丰田汽车公司在 1999 年推出的前置后驱/四驱皮卡，并分别于 2006 年（第二代）、2021 年（第三代）推出了换代车型。在皮卡市场相对成熟的美国，丰田坦途的竞争车型主要是福特 F-150、道奇公羊和 GMC 西塞拉等。

丰田坦途第三代车型采用丰田最新的立体化进气格栅和立体化灯组造型设计，使其拥有出色的整体视觉效果，同时更加丰富的车身镀铬装饰，也让它看上去更加豪华和大气。值得一提的是，为了增强车辆的豪华感，该车还配备了全新的运动化车身套件以及最新样式的车身包围，而且灯组都进行了熏黑处理。车身侧面非常敦实，肌肉感较强。两侧窗户采用单向透光的玻璃，增加了车内乘客的私密性。内饰方面，运用了大量的垂直线条来烘托出整体的硬派风格。

基本参数 (2021 年款旗舰版)	
上市时间	2021 年
级别	大型皮卡
车身结构	4 门双排座
驱动方式	前置四驱
发动机	3.4T 394 马力 V6
变速箱	10 挡手自一体
长×宽×高(毫米)	6414×2032×1984
轴距	4181 毫米
整备质量	2524 千克
最高车速	200 公里/时
0~100 公里/时加速	5 秒

GMC 西塞拉

　　GMC 西塞拉（GMC Sierra）是美国通用汽车公司在 1975 年推出的前置后驱 / 四驱皮卡，并分别于 1999 年（第二代）、2007 年（第三代）、2014 年（第四代）、2019 年（第五代）推出了换代车型。该车与雪佛兰西尔维拉多是姊妹车型。

　　GMC 西塞拉的定位为美式高端皮卡，拥有巨大的车身尺寸、硬朗的线条设计、丰富的外部功能。双排座加货箱的布局具有很强的实用

基本参数 (2021 年款旗舰版)	
上市时间	2021 年
级别	大型皮卡
车身结构	4 门双排座
驱动方式	前置四驱
发动机	6.6L 451 马力 V8
变速箱	10 挡自动
长×宽×高(毫米)	6759×2457×2033
轴距	4369 毫米
整备质量	2272 千克
最高车速	200 公里 / 时
0~100 公里 / 时加速	5.5 秒

性。GMC 西塞拉的驾驶舱有 2/3 的结构部分采用高强度钢材制造，不仅提升了车辆的安全性，对乘员舱的隔音性也有帮助。这种钢材同样应用于全框架导轨以及主要零部件。

　　GMC 西塞拉的内饰注重舒适、精致与便利，配备了真皮包裹方向盘、8 英寸彩色显示屏、DVD/MP3 播放器、5.1 声道博士音响系统、智能车载交互系统等。该车较大的车身尺寸带来了充足的驾乘空间，让前后排乘客都不会因为腿部空间不足而导致腿部发麻。

霍顿 Ute

霍顿 Ute（Holden Ute）是澳大利亚霍顿汽车公司在 2000 年推出的皮卡，并于 2007 年（第二代）推出了换代车型，2017 年停产。

霍顿 Ute 的外形特征是拥有轿车的车头和前排座椅，而后排座椅及尾箱部分则变成一个货斗。其外形类似皮卡，但皮卡通常是带货斗的 SUV，而霍顿 Ute 则是带货斗的轿车。霍顿 Ute 的整体造型颇具运动感，车身线条低矮流畅，前保险杠设计极具辨识度。

基本参数 (2017 年款旗舰版)	
上市时间	2017 年
级别	中型皮卡
车身结构	2 门单排座
驱动方式	前置后驱
发动机	6.2L 413 马力 V8
变速箱	6 挡自动
长×宽×高(毫米)	5083×1898×1494
轴距	3009 毫米
整备质量	1733 千克
最高车速	270 公里/时
0~100 公里/时加速	5.3 秒

霍顿 Ute 标配全车六防护气囊（双前座头胸防护气囊、车侧防护气囊、车侧防护气帘）、倒车辅助、防抱死制动系统、电子刹车力分配系统、刹车力辅助系统、循迹控制系统与动态稳定控制系统等安全功能。除了完善的电子安全配备之外，霍顿 Ute 还通过转向机构设计，在车辆不幸发生碰撞时，吸收撞击能量，让驾驶者的膝部免受伤害。

吉普角斗士

吉普角斗士（Jeep Gladiator）是美国吉普汽车汽车公司在 2019 年推出的皮卡。

吉普角斗士的车头设计与吉普牧马人相似，全 LED 大灯、日间行车灯、转向灯的位置都没有变化。车身侧面，夸张的轮眉配合较高的离地间隙，显得非常硬朗。内饰的整体设计与吉普牧马人基本保持一致，粗犷的细节处理，依然彰显吉普品牌对于越野精神的独特传承。

基本参数 (2022 年款旗舰版)	
上市时间	2022 年 4 月
级别	中型皮卡
车身结构	4 门双排座
驱动方式	前置四驱
发动机	3.6L 284 马力 V6
变速箱	8 挡手自一体
长×宽×高（毫米）	5592×1894×1856
轴距	3488 毫米
整备质量	2292 千克
最高车速	200 公里/时
0~100 公里/时加速	9.12 秒

前排座椅的舒适性较好，对驾驶者和副驾驶乘客身体的承托比较到位。后排座椅具有较强的实用性，支持 4:6 比例放倒和坐垫抬升，座椅下方还有两个独立的带锁储物盒，用于存放私人物品。

吉普角斗士采用前置四驱布局，配备分时四驱系统（带适时四驱功能）。其接近角、离去角、通过角分别达到了 40°、25°、18°，最小离地间隙 249 毫米，最大涉水深度为 760 毫米。

第 7 章 皮 卡

吉普角斗士侧前方视角

吉普角斗士内饰

雷诺阿拉斯加

雷诺阿拉斯加（Renault Alaskan）是法国雷诺汽车公司在 2017 年推出的前置后驱/四驱皮卡，与日产纳瓦拉为姊妹车型。

雷诺阿拉斯加的整体外形颇为硬朗，厚重的前脸和干练的车身，加上银色的前后挡泥板、侧踏板以及亮黑色的轮毂，看起来也很时尚。该车配备了拖车防摆稳定系统、下坡辅助、坡道起步辅助等安全功能，载重能力为 1100 千克。动力方面，提供 2.3 升单涡轮增压发动机和 2.3 升双涡轮增压发动机两款直列四缸柴油发动机，其中 2.3 升单涡轮增压发动机最大功率为 163 马力，峰值扭矩为 425 牛·米。2.3 升双涡轮增压发动机的最大功率为 190 马力，峰值扭矩 450 牛·米。传动系统匹配 6 挡手动变速箱或 7 挡自动变速箱，并配备四轮驱动系统。

基本参数 (2022 年款旗舰版)	
上市时间	2022 年 2 月
级别	中型皮卡
车身结构	4 门双排座
驱动方式	前置四驱
发动机	2.3T 190 马力 L4
变速箱	7 挡自动
长×宽×高（毫米）	5399×1850×1841
轴距	3150 毫米
整备质量	2435 千克
最高车速	180 公里/时
0~100 公里/时加速	9 秒

梅赛德斯 - 奔驰 X 级

梅赛德斯 - 奔驰 X 级（Mercedes-Benz X Class）是德国梅赛德斯 - 奔驰汽车公司在 2017 年推出的前置后驱 / 四驱皮卡，2020 年停产。

梅赛德斯 - 奔驰 X 级是日产纳瓦拉和雷诺阿拉斯加的姊妹车型，整体设计相似，仅对外观和内饰的细节进行了修改。该车有 Pure、Progressive、Power 三种外观样式，区别在于前后保险杠的设计，其中 Pure 为黑色，Progressive 与车身同色，Power 则采用镀铬装饰。双幅式进气格栅以及多边形的前大灯造型都采用了家族式设计，其中高配车型配备 LED 灯组。另外，前 / 后包围也会根据配置的不同有所区别。货箱内部规整，不仅提供了防滑条，还配备了照明系统以及 12V 电源。内饰方面，中控台提供了包括亚光黑色、铝制效果以及棕色木纹效果在内的多种不同风格供客户选择。梅赛德斯 - 奔驰 X 级有四种动力配置，最大载荷为 1042 千克，牵引能力在 1650~3500 千克之间。

基本参数 (2019 年款旗舰版)	
上市时间	2019 年
级别	中型皮卡
车身结构	4 门双排座
驱动方式	前置四驱
发动机	3.0T 258 马力 V6
变速箱	7 挡自动
长 × 宽 × 高 (毫米)	5340×1920×1819
轴距	3150 毫米
整备质量	2136 千克
最高车速	210 公里 / 时
0~100 公里 / 时加速	7.9 秒

马自达 BT-50

马自达 BT-50（Mazda BT-50）是日本马自达汽车公司在 2006 年推出的前置后驱/四驱皮卡，并分别于 2011 年（第二代）、2020 年（第三代）推出了换代车型。

马自达 BT-50 第三代车型的进气格栅采用马自达家族式的盾形设计，搭配镀铬装饰条。两侧大灯采用开眼角并与进气格栅相连接的设计，下方雾灯采用垂直布置，看起来精致时尚。车身侧面腰线稳健流畅，两侧车门下方的脚踏板设计非常实用，大尺寸轮拱和铝合金轮毂的设计也为车辆增添了几分时尚气息。车尾部分，两侧竖直的尾灯别具一格，符合车辆的硬派气质，排气管位于车身底部。

内饰方面，采用马自达家族式的简约设计，车内以黑色为主，并以镀铬装饰条装饰，沉稳时尚。中控台层次分明，中间配有 9 英寸液晶显示屏。三幅式多功能方向盘和液晶仪表板的设计，进一步凸显科技气息。

基本参数 (2021 年款旗舰版)	
上市时间	2021 年
级别	中型皮卡
车身结构	4 门双排座
驱动方式	前置四驱
发动机	3.0L 188 马力 L4
变速箱	6 挡自动
长 × 宽 × 高（毫米）	5280×1870×1790
轴距	3125 毫米
整备质量	1708 千克
最高车速	180 公里/时
0~100 公里/时加速	10 秒

第7章 皮 卡

马自达 BT-50（第三代车型）侧前方视角

马自达 BT-50（第三代车型）内饰

日产纳瓦拉

日产纳瓦拉（Nissan Navara）是日本日产汽车公司在 1986 年推出的前置后驱 / 四驱皮卡，并分别于 1997 年（第二代）、2004 年（第三代）、2014 年（第四代）推出了换代车型。该车在中国市场由郑州日产汽车公司负责生产和销售。

基本参数 (2021 年款旗舰版)	
上市时间	2021 年 7 月
级别	中型皮卡
车身结构	4 门双排座
驱动方式	前置四驱
发动机	2.5L 190 马力 L4
变速箱	7 挡自动
长×宽×高（毫米）	5266×1850×1839
轴距	3150 毫米
整备质量	1788 千克
最高车速	160 公里 / 时
0~100 公里 / 时加速	9 秒

日产纳瓦拉第四代车型的前脸采用日产家族式设计，车身镀铬装饰的应用让它在硬朗之余又不失时尚。内饰设计以简洁实用为原则，中控布局比较简单，舒适的座椅和优秀的隔音，让其在乘坐舒适性方面完全超出皮卡范畴。后排配备了空调出风口，让车内温度更加均衡，而座椅除靠背较直外，在舒适性上完全不亚于前排。配置方面，可选装 7 英寸中控屏、货厢耐磨涂层、货厢防滚架以及侧踏板等，同时旗舰版还配备了 LED 前大灯、八向电动调节驾驶座、皮质座椅、真皮方向盘以及六扬声器音响等。

日产纳瓦拉第四代车型采用前双叉臂独立悬架和后钢板弹簧式非独立悬架。当车辆通过减速带或者坑洼路段时，后排乘客会感觉到比较明显的晃动感和弹跳感。另外采用非承载式车身结构，四驱行驶为电控分时四驱，带有扭矩放大挡。

第7章 皮卡

日产泰坦

日产泰坦（Nissan Titan）是日本日产汽车公司在 2003 年推出的前置后驱/四驱皮卡，并于 2016 年（第二代）推出了换代车型。

日产泰坦的外观造型具有大型皮卡的力量感，前脸采用面积较大的进气格栅，不仅外观看上去很大气，也有利于发动机散热。虽然日产泰坦从外形上看是一辆典型的美式风格皮卡，但其内饰却十分豪华精致。中控区域造型简洁，大量使用木纹饰板和皮质材料。车内装有 8 英寸高分辨率液晶显示屏，支持苹果/安卓手机互联。为了减缓驾驶者长途行车的疲劳，还配备了前后零重力座椅。安全性能方面，配备了日产安全盾 360 驾驶辅助设备，包括自动紧急制动、盲点监测、后方交叉交通警报、车道偏离警告、自适应巡航控制、前向碰撞警告、交通标志识别、司机警觉性监视器和 360°相机系统等多种保障驾驶安全的功能。

基本参数 (2021 年款旗舰版)	
上市时间	2021 年
级别	大型皮卡
车身结构	4 门双排座
驱动方式	前置四驱
发动机	5.6L 394 马力 V8
变速箱	9 挡自动
长×宽×高（毫米）	5814×2050×1961
轴距	3551 毫米
整备质量	2285 千克
最高车速	177 公里/时
0~100 公里/时加速	5.7 秒

五十铃 D-Max

五十铃 D-Max（Isuzu D-Max）是日本五十铃汽车公司在 2002 年推出的前置后驱/四驱皮卡，并分别于 2012 年（第二代）、2019 年（第三代）推出了换代车型。第一代车型定位为紧凑型皮卡，第二代和第三代定位为中型皮卡。该车在中国市场由江西五十铃汽车公司负责生产和销售。

基本参数 (2021 年款旗舰版)	
上市时间	2021 年 5 月
级别	中型皮卡
车身结构	4 门双排座
驱动方式	前置四驱
发动机	1.9T 163 马力 L4
变速箱	6 挡自动
长×宽×高(毫米)	5265×1870×1850
轴距	3125 毫米
整备质量	2030 千克
最高车速	175 公里/时
0~100 公里/时加速	14.65 秒

五十铃 D-Max 第三代车型的外观造型饱满硬朗，有着极富视觉冲击力的前脸设计。车头多采用平直富有棱角感的线条加以勾勒，并在进气格栅处应用了大量的镀铬装饰，一直上扬延伸至侧翼子板。由于离地间隙较高，为方便乘客上下车，车身侧面配有脚踏板。该车的内饰设计比较简洁，三辐式多功能方向盘使用皮质包裹，中控台采用"T"形布局，配备嵌入式彩色显示屏，并集成导航、蓝牙以及收音机等功能。下方实体按键采用圆形设计，并配有银色饰条点缀。该车的驾乘空间十分充裕，后排乘客也可伸展身体。

雪佛兰 SSR

雪佛兰 SSR（Chevrolet SSR）是美国雪佛兰汽车公司在 2003 年推出的皮卡，2006 年停产。

雪佛兰 SSR 的外形设计有着明显的 20 世纪 40 年代风格，例如中央圆弧隆起的发动机舱盖，四个车轮的轮眉叶子板呈巨大拱形向后延伸。这种设计不同于美国后来的肌肉车，但仍然有着较强的力量感。雪佛兰 SSR 还有一个特别之处，就是它的敞篷功能，这在皮卡车型中是一个非常少见

基本参数（2006 年款旗舰版）	
上市时间	2006 年
级别	紧凑型皮卡
车身结构	2 门单排座
驱动方式	前置后驱
发动机	6.0L 400 马力 V8
变速箱	6 挡手动
长×宽×高（毫米）	4864×1996×1621
轴距	2946 毫米
整备质量	2248 千克
最高车速	190 公里/时
0~100 公里/时加速	5.29 秒

的设计。该车配备的是一个电动可折叠敞篷，车顶收起后放置于驾驶室和后储物斗的夹层中间。雪佛兰 SSR 的内饰可以用低调奢华来形容，座椅非常简单，但非常宽敞、舒适，采用优质材料制成，覆盖着高质量的皮革。

虽然是一辆皮卡，但是雪佛兰 SSR 的储物空间并不大，这和它的设计风格和用途有关。雪佛兰 SSR 是一辆偏向运动的车，主要功能并非载货。从外形上看，雪佛兰 SSR 就是一辆简单的皮卡，但由于配备了强劲的 6 升 V8 自然吸气发动机（2003—2004 年车型采用 5.3 升 V8 自然吸气发动机），高速驰骋时它又是一辆跑车。

雪佛兰西尔维拉多

雪佛兰西尔维拉多（Chevrolet Silverado）是美国雪佛兰汽车公司在 1998 年推出的前置后驱／四驱皮卡，并分别于 2007 年（第二代）、2014 年（第三代）、2019 年（第四代）推出了换代车型。

作为一款纯正的美式皮卡，雪佛兰西尔维拉多的车头方方正正，发动机舱盖上的线条充满力量感。从第一代车型到第四代车型，上下分层的进气格栅造型一直没有变化。

基本参数 (2022 年款旗舰版)	
上市时间	2022 年
级别	大型皮卡
车身结构	4 门双排座
驱动方式	前置四驱
发动机	6.6L 451 马力 V8
变速箱	10 挡自动
长×宽×高（毫米）	6126×2062×1990
轴距	3744 毫米
整备质量	2272 千克
最高车速	200 公里/时
0~100 公里/时加速	5.5 秒

整个进气格栅包括品牌标志都是黑色，使宽大的车头看起来更加大气。该车采用电动伸缩的脚踏板，开门时会自动弹出。雪佛兰西尔维拉多的内饰非常豪华，可以媲美中高级轿车。车内中控台、扶手处、门板上均有真皮包裹。部分车型还大量使用桃木装饰板。

雪佛兰西尔维拉多按照装载能力共有 1500、2500 和 3500 多个版本，名字中的"1500"意味着它最多可以装载 1500 磅（约 680 千克）的货物，其他版本依次类推。另外，按照车厢结构还有 Regular Cab、Extented Cab、Crew Cab 等版本，而按照特性（偏越野能力或者豪华属性）又有 LT、LTZ、Z71 LT、Z71 LTZ 等版本。

雪佛兰科罗拉多

雪佛兰科罗拉多（Chevrolet Colorado）是美国雪佛兰汽车公司在2003年推出的前置后驱/四驱皮卡，并于2012年（第二代）、2022年（第三代）推出了换代车型。第一代车型定位为紧凑型皮卡，第二代和第三代车型定位为中型皮卡。

雪佛兰科罗拉多第三代车型的外观造型是全新设计的，与上一代车型相比，更具有棱角形状。

基本参数 (2022年款旗舰版)	
上市时间	2022年
级别	中型皮卡
车身结构	4门双排座
驱动方式	前置四驱
发动机	2.7T 310马力 L4
变速箱	8挡自动
长×宽×高（毫米）	5410×2143×2080
轴距	3337毫米
整备质量	2403千克
最高车速	200公里/时
0~100公里/时加速	6.9秒

前大灯、进气格栅、前保险杠甚至发动机舱盖都增加了许多折痕和斜线，造型更显立体。由于皮卡的特性，车身侧面和尾部的设计没有太大变化。内饰方面，也进行了彻底的更新，增加了皮革饰面区域，11.3英寸信息娱乐显示屏提升了科技感。为了直观地操作，包括空调在内的部分功能采用按钮式操作，通过钢琴键盘式设计提高了可操作性。第三代车型没有继续采用第二代车型的自然吸气发动机，而是配备新的涡轮增压发动机，功率和扭矩根据配置不同而变化。

现代圣克鲁兹

现代圣克鲁兹（Hyundai Santa Cruz）是韩国现代汽车公司在 2021 年推出的前置后驱/四驱皮卡，主要在美国市场销售，竞争对手包括福特游骑兵、丰田塔科马等。

现代圣克鲁兹采用现代胜达底盘打造，其前脸的设计思路也与现代胜达相似，前大灯组与进气格栅融为一体，设计感和辨识度都非常出色。车身侧面线条和 SUV 基本没有差异，轮拱和腰线都显得非常动感，整体呈现出一种溜背式 SUV 的特质。现代圣克鲁兹的车身尺寸比美国市场中的绝大多数主流中型皮卡都更小，不仅方便乘客上下车和装载物品，也提供了更好的操控性。

现代圣克鲁兹的内部相比外形更像是一款 SUV，配备一个 10 英寸中控屏，并可选装 10 英寸组合仪表、博士音响系统。现代圣克鲁兹还拥有前碰撞预警、车道保持辅助、盲区监测、后防撞辅助等多项安全配置，能够提供完全 SUV 化的驾乘体验。

基本参数（2021 年款旗舰版）	
上市时间	2021 年
级别	紧凑型皮卡
车身结构	4 门双排座
驱动方式	前置四驱
发动机	2.5T 285 马力 L4
变速箱	8 挡自动
长×宽×高（毫米）	4970×1905×1695
轴距	3005 毫米
整备质量	1870 千克
最高车速	160 公里/时
0~100 公里/时加速	7.5 秒